交通运输科技丛书·公路基础设施建设与养护
交通运输重大科技创新成果库入库成果

“交通+”模式的
中国扶贫实践与探索

武　平　杨环宇　赵若希　汪　忠　王显光　编著

人民交通出版社股份有限公司
北　京

内 容 提 要

本书按照“从实践中来，到实践中去”的思路，以“交通 +”模式发展视角，提出交通扶贫的做法和经验，并上升至概念理论的层面。再结合乡村振兴的新要求，将这些做法和经验应用到巩固拓展脱贫攻坚成果中去，从而达到更好的实操效果。

本书可为交通扶贫及巩固拓展脱贫攻坚成果同乡村振兴有效衔接的研究人员、交通运输行业主管部门、农村地区交通运输一线工作者提供参考，为农村地区交通运输发展和决策提供有益的借鉴。

图书在版编目(CIP)数据

“交通 +”模式的中国扶贫实践与探索 / 武平等编著. — 北京：人民交通出版社股份有限公司，2023.9

ISBN 978-7-114-18555-7

Ⅰ. ①交… Ⅱ. ①武… Ⅲ. ①扶贫—研究—中国 Ⅳ. ①F124.7

中国版本图书馆 CIP 数据核字(2022)第 256292 号

“Jiaotong +” Moshi de Zhongguo Fupin Shijian yu Tansuo

书　　名：“交通 +”模式的中国扶贫实践与探索
著 作 者：武　平　杨环宇　赵若希　汪　忠　王显光
责任编辑：刘　彤
责任校对：席少楠　卢　弦
责任印制：张　凯
出版发行：人民交通出版社股份有限公司
地　　址：(100011)北京市朝阳区安定门外外馆斜街 3 号
网　　址：http://www.ccpcl.com.cn
销售电话：(010)59757973
总 经 销：人民交通出版社股份有限公司发行部
经　　销：各地新华书店
印　　刷：北京市密东印刷有限公司
开　　本：720×960　1/16
印　　张：9
字　　数：183 千
版　　次：2023 年 9 月　第 1 版
印　　次：2023 年 9 月　第 1 次印刷
书　　号：ISBN 978-7-114-18555-7
定　　价：70.00 元
(有印刷、装订质量问题的图书，由本公司负责调换)

交通运输科技丛书

编审委员会

（委员排名不分先后）

GENERAL ORDER | 总序

科技是国家强盛之基，创新是民族进步之魂。中华民族正处在全面建成小康社会的决胜阶段，比以往任何时候都更加需要强大的科技创新力量。党的十八大以来，以习近平同志为核心的党中央做出了实施创新驱动发展战略的重大部署。党的十八届五中全会提出必须牢固树立并切实贯彻创新、协调、绿色、开放、共享的发展理念，进一步发挥科技创新在全面创新中的引领作用。在最近召开的全国科技创新大会上，习近平总书记指出要在我国发展新的历史起点上，把科技创新摆在更加重要的位置，吹响了建设世界科技强国的号角。大会强调，实现“两个一百年”奋斗目标，实现中华民族伟大复兴的中国梦，必须坚持走中国特色自主创新道路，面向世界科技前沿、面向经济主战场、面向国家重大需求。这是党中央综合分析国内外大势、立足我国发展全局提出的重大战略目标和战略部署，为加快推进我国科技创新指明了战略方向。

科技创新为我国交通运输事业发展提供了不竭的动力。交通运输部党组坚决贯彻落实中央战略部署，将科技创新摆在交通运输现代化建设全局的突出位置，坚持面向需求、面向世界、面向未来，把智慧交通建设作为主战场，深入实施创新驱动发展战略，以科技创新引领交通运输的全面创新。通过全行业广大科研工作者长期不懈的努力，交通运输科技创新取得了重大进展与突出成效，在黄金水道能力提升、跨海集群工程建设、沥青路面新材料、智能化水面溢油处置、饱和潜水成套技术等方面取得了一系列具有国际领先水平的重大成果，培养了一批高素质的科技创新人才，支撑了行业持续快速发展。同时，通过科技示范工程、科技成果推广计划、专项行动计划、科技成果推广目录等，推广应用了千余项科研成果，有力促进了科研向现实生产力转化。组织出版“交通运输建设科技丛书”，是推进科技成果公开、加强科技成果推广应用的一项重要举措。“十二五”期间，该丛书共出版72册，全部列入“十二五”国家重点图书出版规划项目，其中12册获得国家出版基金支持，6册获中华优秀出版物奖图书提名奖，行业影响力和社会知名度不断扩大，逐渐成为交通运输高端学术交流和科技成果公开的重要平台。

“十三五”时期，交通运输改革发展任务更加艰巨繁重，政策制定、基础设施建设、运输管理等领域更加迫切需要科技创新提供有力支撑。为适应形势变化的需要，在以往工作的基础上，我们将组织出版“交通运输科技丛书”，其覆盖内容由建设技术扩展到交通运输科学技术各领域，汇集交通运输行业高水平的学术专著，及时集中展示交通运输重大科技成果，将对提升交通运输决策管理水平、促进高层次学术交流、技术传播和专业人才培养发挥积极作用。

当前，全党全国各族人民正在为全面建成小康社会、实现中华民族伟大复兴的中国梦而团结奋斗。交通运输肩负着经济社会发展先行官的政治使命和重大任务，并力争在第二个百年目标实现之前建成世界交通强国，我们迫切需要以科技创新推动转型升级。创新的事业呼唤创新的人才。希望广大科技工作者牢牢抓住科技创新的重要历史机遇，紧密结合交通运输发展的中心任务，锐意进取、锐意创新，以科技创新的丰硕成果为建设综合交通、智慧交通、绿色交通、平安交通贡献新的更大的力量！

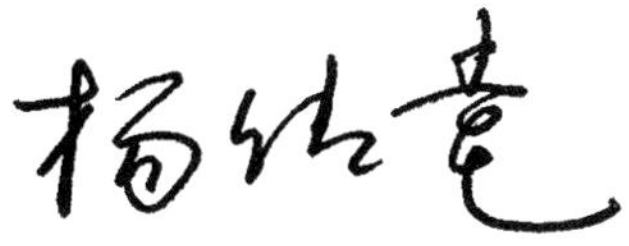

2016年6月24日

PREFACE | 前言

2021年2月，习近平总书记在全国脱贫攻坚总结表彰大会上庄严宣告，现行标准下九千八百九十九万农村贫困人口全部脱贫。[1] 在党中央的统一部署下，2012—2020年，交通运输行业推动约7万个建制村修建了硬化路，超5万个建制村新通了客车，实现了具备条件的乡镇和建制村通硬化路、通客车；“十三五”期，支持建设乡村旅游路、资源路、产业路4.6万公里，“交通+产业”“交通+旅游”“交通+电商”等“交通+”模式迅速发展，助力特色产业乘势而起，有效拓展了农民群众就业、增收渠道。

“交通+”模式的概念和内涵是什么，如何从实践中来、到实践中去？本书源于交通运输部战略规划政策课题——“交通+”模式对精准扶贫的作用和发展重点研究。在课题研究的过程中，收集了交通运输行业十八大以来扶贫成就总结的第一手材料，这为本书提供了翔实可信的案例支撑。

---

[1] 引自《习近平著作选读》第二卷429页。

本书融合了理论研究和案例实证分析，基于实践探索创新性地提出了“交通+”模式概念内涵，并结合26个省（区、市）的案例实践，分析梳理了“交通+”模式的具体形式和实现路径，针对性地提出了不同模式主体培育方式、重点任务和政策建议。

本书包括六章：第一章主要介绍本书编写的背景，我国交通扶贫的历史沿革，以及“交通+”模式的概念内涵。对“交通+旅游”“交通+产业”“交通+电商”“交通+就业”“交通+教育”五种模式分析阐述，提出相应内涵，为后续内容奠定基础。第二章为五种“交通+”模式在26个省（区、市）交通扶贫中的实践。第三章梳理总结了“交通+”模式的成功经验和存在问题，为下一步“交通+”模式有效衔接乡村振兴战略的重点任务提供指引。第四章从乡村振兴战略、新发展格局、交通强国战略等方面，提出巩固拓展脱贫攻坚成果同乡村振兴有效衔接的新发展阶段对“交通+”模式的新要求。第五章提出“交通+”模式衔接乡村振兴战略的工作重点。第六章给出了“交通+”模式的保障措施，并提出未来的发展展望。

作　者

2023年6月

CONTENTS | 目录

CHAPTER 1 第一章

“交通+”模式的提出

本章从“交通 +”模式的选题背景及研究意义、我国交通扶贫的发展历程等方面入手，分析“交通 +”模式产生的背景和环境。结合相关理论基础，研究提出“交通 +”模式的概念内涵和适用条件，为后续章节奠定基础。

第一节 背景及意义

党的十八大以来，党中央作出了关于脱贫攻坚的系列部署。2015 年，党中央召开扶贫开发工作会议，提出实现脱贫攻坚目标的总体要求，实行扶持对象、项目安排、资金使用、措施到户、因村派人、脱贫成效“六个精准”。2017 年，党的十九大把精准脱贫作为三大攻坚战之一进行全面部署，决战决胜脱贫攻坚。

交通运输对于打赢脱贫攻坚战起着重要的基础支撑作用。习近平总书记在关于农村公路发展的报告上批示强调，特别是在一些贫困地区，改一条溜索、修一段公路就能给群众打开一扇脱贫致富的大门。[1] 伴随中国经济发展进入新常态，贫困农户

[1] 引自《让农民致富奔小康的道路越走越宽广——党的十八大以来以习近平同志为核心的党中央关心农村公路发展纪实》，人民日报，2018-02-05。

的生计形态呈现出新特点，也产生一些新问题。因此，交通扶贫模式积极创新，出现了"交通+电商""交通+旅游""交通+产业""交通+民生"等新模式、新业态，这些探索不仅能够有效解决贫困地区最后一公里问题，还能进一步提升贫困地区自身造血功能，助力脱贫攻坚。

1. 本书旨在梳理全国"交通+"模式案例，提炼总结经验做法

近年来，交通运输助力脱贫攻坚做了大量有效工作，印发了《集中连片特困地区交通建设扶贫规划纲要》《"十三五"交通扶贫规划》等规划，加大了中央投资支持力度，交通扶贫取得了显著成效。"交通+"模式助力特色产业乘势而起，各地涌现出一批好的经验做法。本书将各地案例按"交通+旅游""交通+产业""交通+电商""交通+就业""交通+教育"等不同模式，按建设、管理、运营等不同维度进行系统梳理，总结各地经验做法，分析取得成效，查找存在的问题，为其他地区推广"交通+"模式提供案例参考。

2. 本书旨在立足巩固拓展脱贫攻坚成果同乡村振兴有效衔接，对照"交通+"模式经验提出下一步工作重点

党的二十大报告提出了全面推进乡村振兴，报告提出，巩固拓展脱贫攻坚成果，增强脱贫地区和脱贫群众内生发展动力。统筹乡村基础设施和公共服务布局，建设宜居宜业和美乡村。

2021年，中共中央、国务院发布的《关于全面推进乡村振兴加快农业农村现代化的意见》明确提出，脱贫攻坚目标任务完成后，对摆脱贫困的县，从脱贫之日起设立5年过渡期，做到扶上马送一程。同年，中共中央、国务院发布的《关于实现巩固拓展脱贫攻坚成果同乡村振兴有效衔接的意见》（中发〔2020〕30号）提出，到2025年，脱贫攻坚成果巩固拓展，乡村振兴全面推进……脱贫地区农民收入增速高于全国农民平均水平。到2035年，脱贫地区经济实力显著增强，乡村振兴取得重大进展，农村低收入人口生活水平显著提高，城乡差距进一步缩小……本书结合全国“交通+”模式的先进经验和做法，提出脱贫地区下一步交通运输工作的推进重点。

3. 本书旨在落实加快建设交通强国战略要求，以“交通+”模式增进民生福祉

党的十九大报告明确提出建设交通强国，开启了新时代交通运输发展的新征程。党的二十大报告再次强调加快建设交通强国。2019年9月，中共中央、国务院印发《交通强国建设纲要》，对加快建设交通强国进行了顶层设计和系统谋划。其中，在“形成广覆盖的农村交通基础设施网”中，重点提出了“大力推进革命老区、民族地区、边疆地区、贫困地区、垦区林区交通发展，实现以交通便利带动脱贫减贫，深度贫困地区交通建设项目尽量向进村入户倾斜”。当前，中国特色社会主义进入新时代，我国社会主要矛盾已经转化为人民日益增长的美好生

活需要和不平衡不充分的发展之间的矛盾。随着乡村振兴战略的顺利推进，脱贫地区运输服务要求也发生了变化，多层次、多样化、个性化的出行需求不断增加。本书从"交通+"视角，整理提出"交通+"模式背后的提升运输服务质量和效率的方法，以增强人民群众出行的获得感、幸福感和安全感。

在此背景下，本书在总结案例的基础上，梳理"交通+"模式助力精准扶贫的成功经验，并针对未来的新形势与要求，提出"交通+"模式重点任务和政策建议，为交通运输服务乡村振兴战略提供参考和建议。

第二节　交通扶贫历史沿革

一　扶贫开发

改革开放以来，我国在消除贫困事业中取得了令世人瞩目的成就，成为全球消除贫困的最有力推动者，积累了宝贵的成功经验。通过梳理，我国扶贫开发主要经历三个阶段：

一是解决温饱的开发式扶贫（1986—2000年）。我国从1986年开始实施有计划、有组织的农村扶贫开发，成立了贫困地区经济开发领导小组（1993年改称国务院扶贫开发领导小组），确定了以贫困县为重点对象的开发式扶贫方针，安排专项资金，重点解决农村贫困人口的温饱问题。

二是巩固温饱的全面扶贫（2001—2012 年）。这一阶段，国务院发布了《中国农村扶贫开发纲要（2001—2010 年）》，扶贫的重点在巩固温饱成果的基础上，进一步拓展到提高贫困人口的生活质量和综合素质、加强贫困乡村的基础设施建设、改善生态环境等方面，扶贫工作进入解决绝对贫困与相对贫困并重、城乡统筹发展的全面扶贫阶段。

三是全面小康的精准扶贫（2013—2020 年）。贫困人口分布呈现出分散化与碎片化特征，减贫成本逐渐增加。通过实行区域精准和个体精准相结合的方式推进扶贫工作。区域扶贫瞄准对象是 14 个集中连片特困地区、832 个贫困县和 12.8 万个贫困村。个体精准通过精准识别、精准管理、精准帮扶方式来达到精准脱贫。

二 交通扶贫

（一）我国交通扶贫历程

我国交通扶贫可以追溯至"六五"时期，大致也分为三个阶段。

1. 交通扶贫起步阶段（1984—2000 年）

从 1984 年底起，党中央、国务院先后安排了七批以工代赈计划，帮助贫困地区兴建道路和水利工程。1994 年，国务院出台扶贫纲领性文件《国家八七扶贫攻坚计划》，明确提出要加强基础设施建设，重点是公路建设。交通部组织编制"八五"后两年和"九五"交通扶贫计划，面向592个贫困县重点加强经济干线公路、连通乡镇公路、资源开发公路等建设。1995年10月和1997年4月，先后召开两次"全国交通扶贫工作会议"，提出了"坚持从实际出发、实事求是、因地制宜开展交通扶贫工作"和"一手抓干线公路建设，一手抓扶贫公路建设"的工作方针，并明确了到2020年的主要任务。

2. 交通扶贫全面推进阶段（2001—2010年）

这一阶段，进一步重视规划引领和资金保障。在制定《国家高速公路网规划》《西部开发省际公路通道建设规划》《西部地区内河航运发展规划纲要》等全国和区域性交通发展规划过程中，重点关注贫困地区交通发展需求。结合各时期农村公路建设的特点，实施了西部通县油路、乡村通达和通畅工程、革命老区农村公路建设等专项工程。特别是2003年，交通部提出了"修好农村路，服务城镇化，让农民兄弟走上油路和水泥路"的目标，启动实施农村公路通达工程和通畅工程，受到了广大农民群众的热烈欢迎，引起了社会各界的广泛关注。2005年，国务院审议通过了《全国农村公路建设规划》，确定了到2020年实现具备条件的乡镇和建制村通沥青（水泥）路的目标。同时，加大了贫困地区资金支持力度。从2009年起，将中部和西部"少边穷"地区建制村通公路投资标准分别由10万元/公里提高到15万元/公里和20万元/公里。

3. 交通精准扶贫阶段（2011—2020年）

这一阶段，交通运输部制定了《集中连片特困地区交通建设扶贫规划纲要（2011—2020年）》和11个片区专项规划，组织编制了《“十三五”交通扶贫规划》，加强贫困地区交通基础设施建设，提升运输服务能力和水平，强化安全保障能力和管理养护效能。与多个省级人民政府签订了部省共建协议，部省合力加大政策倾斜，其中普通国道升级改造、乡镇通沥青（水泥）路、建制村通沥青（水泥）路补助标准分别较“十一五”期提高了260%、100%和150%。

（二）交通扶贫的主要特点

1. 因地制宜，精准施策

根据各地区不同的地理环境和交通需求，重点针对贫困人口众多、自然环境较差、安全隐患较高的地区，精准施策，加快交通运输发展，着力解决阻碍经济发展的交通问题，在资金投入、人员管理、项目落实上提升精准性。

2. 点面结合，广泛覆盖

做到革命老区、民族地区、边疆地区、贫困地区共1177个县（市、区）四类地区全覆盖和公路、铁路、水路、民航、邮政等各种运输方式全覆盖，以点带线、以线串面，推进贫困地区交通事业的发展。同时，加强政府的主导作用，充分发挥地方政府的脱贫攻坚主体作用，做好交通扶贫与产业扶贫、易地扶贫搬迁等对接，共同开创交通扶贫新局面。

3. 创新机制，激发活力

建立健全上下一体、部门协同、区域协作、内外联动的交通扶贫新机制，广泛动员和吸引全社会各方面力量参与交通扶贫工作，以交通发展引导扶贫开发，以引进项目促进投资就业，增强贫困地区自身发展的内生动力和发展活力。

第三节 我国交通扶贫取得的成就

党的十八大以来，交通运输行业以"四好农村路"为主战场和主载体，全面打赢了交通运输脱贫攻坚战，助力贫困地区告别了出行难、畅通了大循环、摘掉了贫困帽、走上了致富路，以实际行动践行了"小康路上不让任何一地因交通而掉队"的庄严承诺。

1. 以"四好农村路"为主战场全面打赢交通运输脱贫攻坚战

十八大以来，交通运输行业大力推动"四好农村路"发展，其中以"建好"为基础，推动全国新改建农村公路约 235.7 万公里，其中包括建设乡村旅游路、资源路、产业路 5.9 万公里，总里程近 450 万公里，实现了通村畅乡。以"管好"为手段，先后创建 200 个全国示范县，出台 16 项行业政策文件和标准规范，农村公路治理水平显著提升。以"护好"为保障，农村公路管理养护体制改革深入推进，养护资金补助标准显著提升，集中整治24万公里“畅返不畅”农村公路，优良中等路率达到87.4%，路况水平逐年提升。以“运营好”为目的，实现所有具备条件的建制村通客车，村村实现直通邮，全国城乡交通运输一体化水平明显提升，AAAA级以上的区县比例达79%。为农村特别是贫困地区带去了人气、财气，“四好农村路”成为新时代的民生路、致富路、连心路。

2. 以“两通”为着力点解决贫困地区出行难问题

十八大以来，交通运输行业围绕具备条件的乡镇和建制村100%通硬化路、通客车的交通扶贫兜底性任务，在贫困地区新改建农村公路121万公里，约7万个建制村通硬化路，超5万个建制村新通了客车。实施309个“溜索改桥”项目，完成了渡口改造996座、渡改桥5.2万延米。“十三五”期，累计改造完成农村公路安全生命防护工程约60万公里、窄路加宽17.3万公里、危桥1.9万座。很多贫困地区告别了溜索桥、危旧桥、老渡口，过上了“出门水泥路，抬脚上客车”的新生活。

3. 以打通对外运输大通道为重点推动贫困地区融入新发展格局

“十三五”期，交通运输行业改造建设约1.7万公里国家高速公路、5.3万公里普通国道、3100余公里内河航道，超过98%的县城通二级公路，部分贫困县还通了铁路、有了机场、提升了航道等级。特别是随着县、乡、村三级物流体系建设和

“快递下乡”工程的加快推进，城货下乡、山货进城、电商进村、快递入户，城乡双向运输进一步打通，贫困地区有机融入国内国际双循环。

第四节 “交通+”模式在扶贫语境中的概念研究

一 内涵分析

目前文献研究、政策文件的表述和地方实践发展，尚未对“交通+”模式专门界定。已有相关研究和文件，也经常出现具有不同内涵和涵盖不同范围的“交通+”模式的阐述。部分研究、文献和地方实践将“交通+”模式简单理解为“交通+”特色产业模式，与属于第三产业范畴的农村物流、休闲旅游等，以及属于第一产业范畴的种植养殖业等并行提及。此外，针对交通扶贫与产业扶贫相互融合发展问题，尚未有系统性的专题研究。

为更好地理解扶贫语境下“交通+”模式的内涵，需要对交通扶贫和产业扶贫模式两个概念做出界定。本书的交通扶贫主要侧重于公路交通领域的扶贫，因为公路涉及面最广，最能深入贫困地区。

产业扶贫主要是以贫困地区资源禀赋条件为依托，坚持市场导向，系统推动产业发展，助力扶贫脱贫、经济社会发展的一种扶贫方式。关于产业的范围，根据国民经济行业的分类，产业应包括第一、二、三产业。从交通扶贫的关联范畴看，也应包括贫困地区经济发展中的三大类产业体系。结合贫困地区特色，交通扶贫可能与以下相关产业的关联更为密切：第一产业的农、林、牧、渔等，第二产业的农副食品加工、纺织服装加工、资源开采加工等，以及第三产业的批发零售、文化娱乐等。

基于上述分析，本书对“交通 +”模式的分析重点在扶贫语境下开展，并源于过去交通扶贫过程中“交通 +”模式经典案例的归纳总结，即源于实践又高于实践。内涵界定如下：“交通 +”模式是交通运输主动融合交叉其他产业，从被动连接到主动引领，以定制化为特点，按照因地制宜、统筹协调、协同推进、精准施策的思路，强调政府和市场双重扶贫功效，既重视模式开发的经济效益，又兼顾贫困地区的公益特点，以“交通 +”模式主体为龙头，通过定制化推进贫困地区交通基础设施网络、运输服务品质、安全能力水平、管养服务效能等全要素提升，带动当地贫困户脱贫，更好地服务贫困地区经济社会发展，实现经济增长、产业兴旺、收入提高的发展诉求，形成交通运输与经济社会发展良性互动的特色扶贫模式。

交通 + 旅游内涵：在旅游资源相对丰富的地方，交通运输主动发力，围绕特定的旅游资源，完善旅游交通网络设施，创新旅游交通产品，提升旅游交通服务品质，引导新需求、创造新供给，促使交通单一的运输联结功能向旅游产品输出、生态环境建设等复合功能型转变，从而带动当地经济发展，实现贫困户脱贫。

交通＋产业内涵：依托当地农产品等产业特色，主动融合推进产业发展过程中的交通网络设施、物流服务、信息化平台建设等关键环节，助力地区产业兴旺，以实现地区经济持续增长、收入持续增加，实现交通支撑产业、产业促进交通的良性互动的特色扶贫模式。

交通＋电商内涵：深度发掘贫困地区电子商务发展需求，交通运输主动对接，优化物流服务网络，创新运输组织模式，满足货运快速进出的需求，同时因地制宜在交通物流园区建设、信息化管理等方面主动做好配套工作，克服商品交易的区域性和时效性限制，促进电商繁荣发展，进而带动贫困地区经济发展。

交通＋就业内涵：充分发挥交通运输对就业的带动作用，结合贫困地区当地就业难点，通过增设管养公益性岗位、主动联系服务外出务工人员交通保障等，推动建立农村交通建管养运与贫困群众就业连接机制，实现贫困群众就业保障、有效增收、稳定脱贫。

交通＋教育内涵：充分发挥交通的连通服务功能，重点针对贫困地区教育资源，通过交通基础设施连通、定制化校车开通等手段，促进教育资源整合，方便学生出行。同时，结合贫困地区交通运输发展的瓶颈和症结，有针对性地教育培训交通人才，实现交通与教育相互促进的正反馈的扶贫模式。

二 适用条件

一是在旅游资源、特色产业、电子商务等发展基础相对较好的地区，地方政府充分发挥市场经济效益，积极引入“交通 +”模式市场主体，提升当地造血功能，形成正向反馈的扶贫，推动经济社会发展，实现百姓致富。

二是在旅游资源、特色产业、电子商务等发展基础相对匮乏、但又没有更好的可开发资源的地区，地方政府兼顾扶贫的公益属性，在尽可能引入“交通 +”模式市场主体的同时，积极争取政府及行业扶贫补贴，扶植培育当地造血功能，在保障经济效益的同时也兼顾扶贫的公益特点，进而实现百姓致富。

三是在资源极度匮乏的地区，政府充分发挥扶贫的公益属性，将“交通 +”的范围、目标、重点等与当地扶贫的范围、目标、重点、政策等深入对接，尤其重视“交通 + 就业”“交通 + 教育”等模式的发展。

CHAPTER 2 | 第二章

“交通+”模式扶贫典型案例

党的十八大以来，交通运输行业坚决贯彻落实习近平总书记重要论述和指示精神，坚持精准方略，坚决打赢交通脱贫攻坚战，整合各方资源形成发展合力，根据贫困地区发展特点的不同，制定差异化支持政策，探索出了丰富多样的“交通＋”模式。“交通＋旅游”“交通＋产业”“交通＋电商”“交通＋就业”“交通＋教育”等扶贫模式逐渐落地，扶贫对象、项目安排、资金使用、措施到户、因村派人、脱贫成效更加精准，带动贫困人口精准脱贫效果显著。

第一节 “交通＋旅游”扶贫模式案例

一 加强规划政策顶层设计，各级行业主管部门形成合力

1. 国家层面

为推动“交通＋旅游”融合发展，国家层面出台了系列规划政策。2017 年，交通运输部印发《“十三五”期全国红色旅游公路规划》，明确加强红色旅游公路统筹规划，加大资金和技术支持力度，切实提高红色旅游经典景区景点对外交通条件，

为促进老区振兴和脱贫攻坚奠定基础，为全国红色旅游发展提供有力支撑。2017 年交通运输部、国家旅游局等六部门联合发布的《关于促进交通运输与旅游融合发展的若干意见》中提出："支持为红色旅游景区直接配套的红色旅游公路建设，支持通往少数民族特色村寨、风情小镇等旅游景点的乡村旅游公路建设。按照景观优美、体验性强、带动性大等要求，结合旅游景区景点、旅游风景道等建设，加强沿线生态资源环境保护和风情小镇、特色村寨、汽车露营地、绿道系统等规划建设，形成有广泛影响力的自然风景线、历史人文线、红色文化线。"

2018 年，交通运输部印发《交通运输脱贫攻坚三年行动计划（2018—2020 年）》（交办规划〔2018〕85 号），明确改造建设约 1.7 万公里资源路、旅游路、产业路，优先改善自然人文、少数民族特色村寨和风情小镇等旅游景点景区交通设施。十八大以来，交通运输部共计支持贫困地区新改建了 3.2 万公里旅游路，有效盘活了贫困地区的资源，增强了贫困地区的"造血"功能，极大改善了农村生产生活条件。

2019 年，中共中央、国务院印发的《交通强国建设纲要》提出，"深化交通运输与旅游融合发展，推动旅游专列、旅游风景道、旅游航道、自驾车房车营地、游艇旅游、低空飞行旅游等发展，完善客运枢纽、高速公路服务区等交通设施旅游服务功能""加强特色农产品优势区与旅游资源富集区交通建设""推动资源丰富和人口相对密集贫困地区开发性铁路建设，在有条件的地区推进具备旅游、农业作业、应急救援等功能的通用机场建设”。

2021 年，中共中央、国务院印发了《国家综合立体交通网规划纲要》，提出“推进交通与旅游融合发展”，为“交通 + 旅游”提供了明确的发展方向。

2. 省级层面

依托国家层面文件精神，各省结合自身资源特点，提出了切实可行的规划政策，积极推动“交通 + 旅游”模式融合发展。

从山西省来看，主要做法包含四个方面。

（1）坚持高位引领，领导干部带头推进。

省长出席三大板块旅游公路首批建成路段启用仪式和现场推进会，省、市、县三级政府上下联动、部门齐心协力推动“四好农村路”和三大板块旅游公路建设。

（2）坚持规划引领，实施精准发力。

制定《山西省“十三五”交通扶贫行动方案》《山西省交通运输脱贫攻坚三年行动计划（2018—2020 年）》，明确年度交通扶贫专项行动计划，形成“五年规划、三年行动计划、年度计划”的“5－3－1”规划计划体系。

（3）加大旅游公路支持力度。

一是加大农村公路建设资金补助力度。在充分考虑省、市、县三级财政承受能力的基础上，山西省交通运输厅会同省财政厅联合制定了《“四好农村路”和三大板块旅游公路建设资金管理办法》，“四好农村路”建设项目补助为县（市、区）建设项目总投资的25%。三大板块旅游公路建设资金中，省财政一般预算和省成品油税补助18%，市级补助10%，省财政代市县政府发行一般债券40%，剩余32%的建设资金由各县视财力和项目情况自主选择适合本地实际的投融资模式，有效地破解了长期以来制约农村公路发展的资金难题。“十三五”期间，全省共安排36个贫困县补助资金79.3亿元，占全省农村公路补助资金的55.3%，其中车购税资金46.2亿元、省成品油税资金33.1亿元。

二是充分激发地方交通扶贫的内生动力。在农村公路建设中赋予地方更多自主权，部省补助资金切块下达市县，建设项目事中事后备案，允许市县交通主管部门在确保完成规划目标和年度建设任务的情况下，自主组织工程项目实施。

三是坚持典型带动，抓好示范创建。推动“四好农村路”示范县创建活动，联合省农业农村厅、省扶贫办评选出了夏县等9个省级示范县，组织阳曲县等7个县成功申请了全国“四好农村路”示范县。

（4）加强制度建设和行业监管，确保旅游公路工程质量。

一是建立完善制度标准体系。在省政府印发《关于深入推进“四好农村路”建设的实施意见》的基础上，省交通运输厅从行业管理角度出发，制定并形成了涵盖农村公路设计、施工、管理全过程的“5+2+1+2”制度体系。其中，“5”是指三个一号旅游公路主体、慢行、服务、景观和信息五大系统设计技术指南；第一个"2"是指《农村公路建设质量管理指导意见》《关于提升农村公路工程质量的实施意见》；"1"是指《"四好农村路"和三大板块旅游公路建设资金使用管理办法》；第二个"2"是指《关于加强黄河、长城、太行三大板块旅游公路生态文明、绿色环保建设的通知》《关于开展全省"四好农村路"建设项目环境保护专项整治行动的通知》。这些制度办法对统一建设标准、规范项目设计、严格资金管理、保证工程质量发挥了重要作用。

二是加强工程质量监管。制定了《三大板块旅游公路设计技术指南》，严格要求设计单位按照有关要求开展勘察设计工作，并委托专家咨询组和第三方技术支持单位对全省三大板块旅游公路设计进行全过程监督指导服务，及时帮助解决问题。

三是抓实体质量，把住过程关。山西省建立健全"政府监督，行业指导，社会监理，企业自检"的质量监管责任体系，实行农村公路质量责任终身制，加大过程质量管控力度，大力推行"七公开"制度，严把市场准入关、材料进场关、过程监理关、关键工程关、工序转换关、交竣工验收关，确保工程质量万无一失。

从贵州省来看，主要做法包括两方面。

(1) 坚持规划引领。

出台《贵州省交通扶贫规划》《交通运输服务决战脱贫攻坚

决胜全面小康开启交通强国西部示范省建设新征程三年行动计划（2018—2020年）》，以深度贫困地区为重点，加快交通旅游扶贫工作。按照“一乡一规划”的原则，分别为20个极贫乡镇编制了《交通发展规划》，优化极贫乡镇交通网络，结合当地旅游资源，高位谋划极贫乡镇交通运输发展。

（2）全面创新投融资工作机制。

在推广“BOT（建设-经营-转让）+EPC（设计采购施工）”“BOT+EPC+政府补助”“股权合作+BOT+EPC+运营期补助”模式基础上，探索推出“四化合一”PPP（政府和社会资本合作）新模式（即“量化最低交通量需求+优化运营期政府年度支出责任+制度化补助资金来源+透明化风险分担机制”）。

二 因地制宜推进旅游交通基础设施建设，为“交通+旅游”提供硬连通

1. 树立典型，强化品牌

交通运输部组织开展旅游公路示范工程建设，创新理念、整合资源、统筹推进，以旅游公路示范工程为载体，因地制宜，以点带面，探索旅游公路建设经验，为进一步开展旅游公路建设、推进公路交通与旅游融合发展提供有益借鉴。

重庆市武隆区以“交通+旅游”为重要切入点，成功创建全国“四好农村路”示范区（县）。按照“深耕仙女山，错位拓展白马山，以点带面发展乡村旅游”的总体部署，立足“交

通+旅游"发展模式，加大交通基础设施建设，畅通群众出行"最后一公里"，为武隆全域旅游提供了有力支撑，为脱贫攻坚注入了强大动力，实现交通旅游深度融合。

（1）打通对外大通道。

构建便捷高效的"快进"交通网络，依托仙女山机场、渝湘高铁、渝怀铁路二线、垫丰武高速公路、渝湘高速复线高等级公路等多种运输方式无缝衔接综合客运枢纽，着力构建"空、铁、水、公"互联互通的立体交通网络体系，打造"快进"交通网络，提高旅游目的地通达性和便捷性，实现游客远距离快速进入目的地，提升全区旅游交通品质。

（2）畅通对内互联互通的便捷旅游交通网络。

对内打造了"五纵四横"普通干线公路网络和村民小组（30户以上集中居住）100%通畅的"四好农村路"旅游交通网络，着力完善跨景区公共交通、时租网约等共享交通，切实提高各景点景区通达通畅率，实现了"景—城""景—景"高效串联、顺畅互联。

（3）建设满足旅游体验的"慢游"交通网络。

建设集"吃住行邮购娱"于一体的"慢游"交通网络，因地制宜建设乡村旅游示范点及重要旅游风景道，结合沿线景观风貌和旅游资源，打造具有通达、休憩、观光、体验、文化等功能的主题线路，并根据自身需求增设驿站、观景台、行车道、步道等慢行设施；建设通往后坪苗寨、归园小镇等少数民族特色、风情小镇等旅游景点的乡村旅游公路。全区已实现行政村通畅率100%、撤并村通达率100%、行政村100%达到通客条件，成功创建全国“四好农村路”示范区（县）。

2. 深挖特色，因地制宜

结合不同的旅游资源禀赋，开展不同特色的旅游交通扶贫工作。

内蒙古自治区通辽市科左后旗根据自身的生态环境优势，因地制宜加大交通基础设施建设力度，促进发展生态旅游等生态经济，谋划培育资源节约、环境友好的新产业、新业态、新模式，探索绿色发展的有效路径，有力促进了全旗脱贫攻坚工作。

（1）因地制宜，丰富旅游产品，搭建扶贫平台。

科左后旗致力于生态产业化、产业生态化发展，积极向上级争取专项资金，出台政策引导和支持农民大力发展生态旅游产业，让绿水青山成为惠民的金山银山，切实提高绿色发展投入产出比，让生态产业项目更具变现能力，成为村民致富的绿色“钱包”。先后实施闲趣山庄基础设施建设、草甘沙漠旅游区基础设施建设、乡村旅游厕所建设和大青沟景区和草甘沙漠旅游景区的提质升级工程，乌旦塔拉景区建设工程，僧格林沁王府的附属工程，阿古拉“敖包相会”文化旅游主题小镇项目，以及联众旅游度假区、欧翔玖玖滑雪场、北甘旗自驾游营地、阿古拉自驾游营地、博王夏宫等景区和项目的建设工程。2015

年以来，累计投资 49.62 亿元实施道路建设 6526.9 公里。基础设施建设提升了景区景点的规模档次及经济效益，为实现乡村旅游扶贫提供了有力支撑。

（2）增加贫困地区“造血功能”的开发式扶贫。

不断加大扶持力度，重点培育草甘沙漠旅游区、闲趣山庄、博王夏宫生态园等一批乡村旅游典型，并不断实现典型带动作用最大化。通村水泥路、撤并村通水泥路项目，为发展乡村旅游促脱贫提前打通了“毛细血管”。国道 304 至海斯改段（丝路线）公路建成后，进一步增强主要景区与国省干线的连通能力，贯穿整个阿古拉生态旅游景区，辐射周边乌旦塔拉五角枫自然保护区、僧格林沁王府和国家级大青沟自然保护区，将有力促进旅游业快速发展，进而带动景区景点周边贫困群众通过参与旅游业脱贫增收，对加快旗县脱贫致富达小康十分重要。

（3）突出主题旅游，强化配套建设，提升带动能力。

道路两侧的景观带内建设自驾游游览通道和慢行路，并在重要节点处建设景观雕塑等。同时，结合旅游景区建设和提升，加快推进农家乐、牧家乐精品旅游线路打造和民宿示范点建设，重点打造阿古拉“敖包艾勒”主题旅游项目、伊和淖尔嘎查乡村旅游枫情园项目等民宿示范点建设，进一步提升景区沿线服务接待能力。

浙江省金华市浦江县以“山上浦江·美丽交通环”建设为

主线，高水平推进农村公路"建、管、养、运"协调发展，首创"山上浦江·美丽交通环"建设，让农业更强、农村更美、农民更富。建成全省首个全域绿色出行县、首个全县域公交推行移动支付的县级城市、首个建制村 500 米半径公交站点全覆盖县。"山上浦江·美丽交通环"建设全面串联仙华山、江南第一家等各大景区，县域 3 个历史文化名村、3 个美丽乡村精品村、2 个旅游风情小镇通四级及以上等级公路，打造茜溪悠谷、水墨前吴等一大批乡村旅游点，形成了新光马岭茜溪线、水墨前吴山水线等 7 条美丽乡村精品线，实现公路与山水、与古村落、与生态绿道、与人文环境深入融合，引爆了乡村旅游经济。2019 年春节期间，全县共接待游客 73.28 万人次，实现旅游收入 3.93 亿元，同比分别增长 10.05% 和 10.14%。

浙江省湖州市安吉县，立足"两山"理念，助力生态安吉建设。具体做法包括四方面。

（1）深挖特色，提出发展旅游乡村重要决策。

比如：天荒坪镇余村。十几年前，开采石矿曾是余村的支柱产业。由于长期采矿，村庄及周边环境受到极大影响。余村人痛定思痛，决意关停矿山，转型发展生态农业。2005 年 8 月 15 日，时任浙江省委书记习近平在安吉余村考察时强调"绿水青山就是金山银山"。

（2）农村公路建设主动融合当地旅游文化元素。

比如：灵峰街道蔓塘里自然村和目莲坞自然村。2015 年，县交通运输部门对两个村周边的农村公路进行了全面的改造提升，乡道午灵线、灵剑线面貌焕然一新，极大助推了"美丽乡村"建设，黑瓦白墙、古色戏台，垒石立面、"五线下地"等美丽元素引人慕名而来。蔓塘里村、目莲坞村是一个缩影，在安吉县，美丽的农村公路已成为农村发展的人气之路、开放之路和美丽之路。

(3) 打通发展瓶颈，吸引社会资本，发展旅游产业。

比如：递铺街道鲁家村。依托"四好农村路"的支持，引进社会资本，打造花海世界、百亩竹园等景观，形成了"公司+村+农场"的经营模式，三方共同建设并实现利益共享。

(4) 合理布局农村交通基础设施，带动农村旅游经济发展。

比如：上墅乡刘家塘村。近年来，刘家塘村一改以往粗放的、单一的发展模式，大力建设农村公路，并以10公里农村公路为纽带，把村庄"一心"（社区中心）、"一带"（村庄休闲带）和"三片区"（沙町岛村落景观区、美丽家庭示范区、美丽宜居示范区）串联起来，把农村公路打造成"村庄环线"，并形成了生态旅游、富硒农产品、休闲农业为一体的村庄经营格局。在刘家塘村，"四好农村路"真正成为了村庄整体经营的有力推手。依托"四好农村路"，刘家塘村走出了一条发展特色休闲农业和乡村休闲旅游经济的道路。

三 不断改善农村出行服务水平，为“交通＋旅游”提供软服务

1. 发展农村客运，提供旅游基本公共服务

2016年，交通运输部办公厅印发了《关于开展城乡交通运输一体化建设工程的通知》，明确“十三五”期，在全国选择100个县级行政区，开展城乡交通运输一体化建设工程。要大力推广农村客运片区经营模式，鼓励支持骨干龙头企业开拓整合农村客运市场，培育农村客运服务品牌。

浙江省金华市磐安县打造“运游融合”一体化客运。

（1）高起点规划，打造“运游融合”体系。

在全县把生态旅游作为“一号产业”的发展战略下，结合“村村通”工程，全面摸排了县域各乡镇、建制村人口分布情况，全县旅游景区景点分布和运营情况，编制出台《磐安县交通运输与旅游融合发展规划》，使全县“运游融合发展”从顶层设计上得以保障。截至2019年，全县基本实现城乡公交一体化目标，全域公交实现四个层级网络化运营，分为一级线网（城区公交）、二级线网（城乡公交）、三级线网（镇村公交）、补充公交线网（旅游专线及毗邻县市公交）。

（2）高标准实施，打造“运游融合”品牌。

坚持“服务产业、带动产业”，以“交通＋旅游”的游运一体化思路，努力构建“一个旅游理念、一个旅游体系、一个

旅游产品、一个服务体系"的"快进慢游"的磐安运游融合发展新格局。

(3) 高质量发展,打造"运游融合"线路。

按照全县"全景环线—景观长廊—精品线路—特色景点集群"的旅游空间发展格局,开通了尖山至新渥浙八味市场、花溪旅游专线,百丈潭旅游专线等10条旅游专线。同时,优化现有的客运班线、城乡客运线路,积极打造以自驾游、旅游包车团体游、旅游专线等多层次的旅游客运服务网络。磐安县现有城乡公交线路14条,日均587个班次,全域行政村线路覆盖率实现100%。城乡客运一体化促进了人流、物流的快速流通,"运游融合"成为磐安发展生态旅游"一号产业"的重要支撑。磐安县城乡公交体系的构建,打造了县域"一小时循环圈",带动了磐安县美丽乡村示范乡镇、特色精品村的创建和农村地区农家乐的发展。2018年,全线共接待游客1353.51万人次,同比增长13.4%;实现旅游总收入121.84亿元,同比增长20%。

2. 创新发展,提供旅游定制化服务

为全面运营好农村公路,切实服务城乡经济社会发展,广东省河源市紫金县创办了村长伯伯农村综合服务平台(紫金县村长伯伯运输有限公司)。以蓝塘镇为节点,发展紫金县尚未通达的行政村乡村运输,开通蓝塘客运站—布心村公交线路以及蓝塘、九和两镇12个村的定制运输服务,试点运行所倡导的经营模式。

一是创新发展思路。村长伯伯运输有限公司依托"村长伯伯互联网+农村综合服务"品牌和平台，以行政村为单位，整合全村客流和物流资源发展农村客运，使其具备"行玩吃住购"五大功能。如紫金县九和镇金光村，村长伯伯公司将其列入平台上的虚拟村，自营或整合社会运力来实现金光村的客运出行和物流发展，同时还通过线上食宿的定制，推广以农村旅游为主的乡村生态游，以促进金光村的客运、物流和紫金县的农村旅游共同发展。

二是创新经营模式。第一是以村为单位经营客货运线路。紫金县村长伯伯运输有限公司主营业务与农村客运发展相结合，不单纯经营某条客货运线路。第二是统一平台和品牌发展定制运输。所有线路运力，均以村长伯伯作为运输品牌，来发展定制运输。第三是自营和加盟两种模式同时运营。若已发展的行政村未通客运车辆，将以自营车辆或社会加盟车辆来实现客货运通达。如果已有通达线路，即以合作加盟模式，让已有运力实现村长伯伯产品的货运经营。如果已有通达线路经营者不愿与村长伯伯合作，则村长伯伯以小型车辆实施货运经营和租赁出行，避免与已有客运线路竞争。

三是综合盈利模式。村长伯伯不以单纯的运输利润作为盈利模式，而是通过整村经营，包括该村的"行玩吃住购"功能产生的利润来支持运输经营，实现整体盈利。

村长伯伯是以村为单位的定制运输模式，以农村综合品牌运营主体来发展客运，区别于单纯的运输企业发展线路。并通过引进社会综合资本来发展农村客运，对无运输利润的线路是一个有力的保障，比较适合农村当前难以通达或无人经营的线路。

贵州省通过人车联网破解农村出行难题，进一步助推“交通+旅游”扶贫。自平台出行服务上线以来，农村群众出行平均候车时间由原来的2个小时降低到30分钟，客运车辆实载率从56%上升到80%以上。同时在出行服务升级完善过程中，逐步链接景区景点、传统村落、民俗风情、地方特产，实现旅游包车等服务。以黔东南苗族侗族自治州雷山县大塘镇新桥村为例，该村有百年“水上粮仓”的美誉，通过“通村村”平台约车或包车，从县城出发仅15分钟，从西江苗寨到大塘镇仅50分钟，游客可以实现朗德苗寨—西江苗寨—大塘“水上粮仓”半日游，为日益增多的“背包客”“穷游族”带来了便利，也为乡村民宿产业发展带来了福音。

第二节　“交通+产业”扶贫模式案例

一　突出交通先行引领作用，依托交通基础设施优化贫困地区产业布局

交通运输部印发的《“十三五”交通扶贫规划》中提出，将“交通+特色产业”扶贫作为主要任务之一。按照“强服务、促发展”的要求，继续支持贫困地区实施一批具有资源路、旅

游路、产业开发路性质的公路改造建设，促进贫困地区旅游、特色加工、能矿开发、绿色生态等产业落地、发展、壮大，增强贫困地区内生发展能力，加快贫困地区开发式脱贫致富。各地在实践过程中，结合当地优势产业，突出交通基础设施建设对产业的先行引领作用，取得了丰硕成果。

1. 交通带动农业发展

农业是农村地区发展的基石，充分发挥好交通基础设施对特色农业的布局带动作用，对于增强农村地区内生动力意义重大。

四川省阿坝藏族羌族自治州小金县紧扣"道路服务基地、基地支撑产业、产业助推脱贫"工作思路，实施农村公路攻坚年、"四好农村路"等建设，助推高原民族地区换穷业、拔穷根、奔小康。近年建成农村产业路1650公里，辐射小金苹果、高山玫瑰、高原牦牛等5大主导产业基地建设，带动发展生态蔬菜、特色水果、酿酒葡萄、玫瑰、中药材等优质生态农产品基地8万余亩[1]，建成牦牛标准化养殖场72个，发展农民专业合作社721家，培育国家级、省级和州级农民专业合作社，家庭农场21家，带动6720户22000人增收，基本完成"一乡一业、一村一品"产业布局。通过实施"交通+产业"，天堑变通途、高路入云端，一条条宽敞道路成为群众出行的"民生路"，发展产业的"脱贫路"，创业增收的"致富路"，脱贫奔康之花

[1] 1亩=666.7平方米。

在高原上绚烂绽放。

云南省迪庆藏族自治州香格里拉市大力推进“交通＋产业”扶贫融合发展，有效带动特色种养业、乡村旅游等特色产业发展，本地原生态的中草药、水果、蔬菜等产品通过农村公路进入市场、进入城市，成为商家和客户青睐的“香饽饽”，广大农民群众的钱袋子也渐渐鼓了起来，得到了实实在在的获得感、幸福感。

依托农村公路“连通成网、运输便捷”的优势，坚持将农村公路与产业发展高效融合，推进道路硬化覆盖到村组，形成了“连乡通村、覆盖到组、硬化到户”的道路网络，降低了群众农业生产及运输成本，配套推进田间道路、机耕道路与农村公路相互联通，构建了“主次干道成网、农用机械到田、交通运输便捷”的农村产业通道，有效改善了群众生产条件，拓宽了商品流通渠道，有力推动了高原特色现代农牧业不断发展壮大。

近几年来，香格里拉市以效益为中心，围绕优势产业，高度重视农业现代化建设，坚持以促进农业增效、农民增收、农村繁荣为主要目标，形成了中药材、特色畜禽（牦牛、肉牛、尼西鸡、土鸡、生猪、藏香猪）、高原杂粮（青稞、藜麦、红米）、蔬菜（时鲜蔬菜、食用菌）、木本油料（核桃、油橄榄、青刺果、花椒）、养蜂、烟叶等七大优势特色产业，建立了以香格里拉市福兴农业发展有限公司、云南金锄生物科技有限公司香格里拉市分公司、香格里拉市森吉尼达生物资源开发有限公司、鑫淼乡村旅游文化综合开发有限公司等为代表的扶贫重点龙头企业，以及香格里拉市心连心养殖农民专业合作社等为代表的企业式、合作社式、居家式的“扶贫车间”27个。

河北省邯郸市邱县通过对马旦线梁二庄段和程二寨环村路重点整修，吸引了北方最大文冠果种植加工基地落户，发展文冠果种植1万亩，建成坞头“文冠小镇”。2018年，邱县成功争列“全国农村一二三产业融合发展先导区”，通过修路，致富项目多了、村集体经济有了、创业路径多了，群众在家门口就找到致富门路。

甘肃省张掖市民乐县以对接产业扶贫为突破口，推进“交通运输+特色产业”扶贫模式，带动了国道227线、洪平路、干山路、南和路四条“三农”工作示范长廊建设，沿线肉羊、生猪、奶肉牛、蛋肉鸡、紫皮大蒜、中药材、红提葡萄等特色种养生产基地不断发展壮大，带产业、连基地、接市场、促增收的交通扶贫效应日益凸显。

辽宁省北票市依托辖区内四通八达、畅乡通村的2931公里农村路网，紧紧围绕北票市乡镇设施农业、辣椒产业、杂粮产业、金丝王枣和生猪、肉鸡养殖六大特色产业，助力并开展“交通+设施农业”提质增效行动。截至2019年末，全市20万亩辣椒、20万亩杂粮、2300亩设施农业保护地、1500亩金丝王枣，带动2700户“建档立卡户”户均年增收1000元；10个宏发肉鸡养殖扶贫农场，带动2940户“建档立卡户”户均年增收1000元；8个温氏养猪扶贫农场，带动1440户“建档立卡户”

户均年增收1000元。

2. 交通带动工业发展

山西省大同市灵丘县结合当地产业特点，编制了《灵丘县“四好农村路”建设专项规划报告（2017—2020）》，确定了“五纵三横，十大循环，九小循环”，形成县与县、县与乡、乡与乡、村与村中、小、微循环的综合交通运输网，为建设面向京津冀雄地区特色城镇和打造安全食品生产区、生态涵养保护区、全域旅游示范区、新兴产业聚集地“三区一地”的战略目标奠定基础。

创新设施，以大建设促进大发展。农村公路的建设改造在全域形成“外通内联、通村畅乡、班车到村、安全便捷”的交通运输网络。快速路网扩大灵丘生活圈，人居环境彰显幸福指数高。集中连片脱贫公路的建设，打“断头”、填“空白”、补“短板”，连通了国省道和农村公路，全县建起了平型关有机农业园、新材料科技园、农业科技园、航空产业园、魏山工业园等十大园区。在东北山区大力实施了全长16.1公里的县道孙庄—柳科段改造工程，为新材料产业园区建设奠定了良好基础，推动了石家田乡小杂粮基地建设，缩短了前往旅游景点空中草原车程；在南山区实施了全长32公里的县道唐生线，连接了通航产业园、平型关国家有机农业公园和下关大白菜、青背山羊、核桃基地，辐射了光伏产业园、东田创新产业园，并连通了唐代曲回寺石像冢、白求恩外科医院旧址、花塔、北泉等旅游景点；

在西北山区实施了全长24公里的漫沙线，助力赵北乡、史庄乡马铃薯种薯基地、中药材种植基地不断壮大。

二 立足农村生产及消费市场，将“以国内大循环为主体”的双循环新格局在农村地区做深做实

加快形成以国内大循环为主体、国内国际双循环相互促进的新发展格局，是以习近平同志为核心的党中央科学把握国内外发展大势，根据我国发展阶段、环境、条件变化作出的战略决策。将满足国内需求作为经济发展的出发点和落脚点，打通国内生产、分配、流通、消费的各个环节，是我国走向现代化强国的必然选择。农村地区是推动国内大循环的重要阵地之一，围绕促进贫困人口稳定脱贫和长远发展，着力拓宽贫困地区农产品销售渠道，着力激发全社会参与消费扶贫的积极性，在生产、流通、消费各环节打通制约消费扶贫的痛点、难点和堵点，推动贫困地区产品和服务融入全国大市场，交通运输行业重点在流通上做文章，助力生产和消费。

1. 依托便捷农村物流服务网络，拓展市场规模

2019年8月12日，交通运输部、国家邮政局、中国邮政集团公司联合印发了《关于深化交通运输与邮政快递融合推进农村物流高质量发展的意见》，强调要抓住货源优势，统筹利用交通运输与邮政快递、商务、供销、农业等各方资源，盘活供应链上下游、产业前后向资源，探索“基地+生产加工+商贸流

通＋物流运输＋邮政金融”一体化的供应链服务模式。

安徽省界首市顾集镇扶贫就业创业园，依托政策优势和便捷的农村物流服务网络，当地村民将义乌工厂制作仿真花材料和工艺引进回来，“生产车间”遍布全镇，“兼职员工”多达2000人，仅3个月就实现产值450万元，实现了“这头连扶贫车间，那头连欧美超市”。

安徽省阜阳市阜南县注重农村公路建设向濛洪洼等深度贫困地区聚焦发力，重点解决通硬化路问题，为广大农村实现全面建成小康提供有力支撑。农村路网结构不断完善，功能不断提升，为阜南县农业结构不断优化提供强大支撑，有力推进特色产业区域化布局、规模化发展，与中粮集团有限公司、中国中化集团有限公司合作建立中弱筋小麦生产基地30万亩；以会龙镇为中心的西部优质蔬菜达到20万亩；以苗集镇、鹿城镇为中心的中部经果林达到4.2万亩；以郜台乡、黄岗镇为中心的东部杞柳达到6万亩；带动濛洪洼生态高效适应性农业产业带发展到20万亩，其中水生蔬菜7.1万亩、稻田养虾6.4万亩。

2. 拓宽贫困地区农产品流通和销售渠道，连接城乡消费市场

《交通运输部办公厅关于印发深入开展消费扶贫助力打赢脱贫攻坚战实施方案的通知》（交办规划〔2019〕55号）中提出，拓展贫困地区农产品销售途径。通过物流运输整合农业基地、生产制造、商贸流通等资源，不断拓展农村物流的服务范围、服务领域、服务内容，为农村地区一二三产业融合发展提供产

销运一体的供应链综合物流服务。

以黑龙江省海伦市为例，海伦市位于松嫩平原寒地黑土和富硒土壤带核心区，各类农副产品100%天然含硒，13种农副产品天然富硒。鲜食玉米、菇娘、青椒、毛葱、黑木耳等特色经济作物深受消费者欢迎，被确定为黑龙江省北菜南销基地县。随着农村公路网的改善，各项产业成本明显下降，贫困群众种植特色经济作物的愿望倍增。海伦市围绕以富硒产业开发为重点的"三园一区"建设，扩大物流网络覆盖。建成市级物流中心1处、乡级服务站23处、村级服务点243处，实现了物流网络全覆盖，开展了兴农扶贫"一县一业"合作，蒲公英茶、小包装大豆等同步热销，成为阿里巴巴兴农脱贫项目全国20个县之一。极大改善了贫困群众的生活质量，贫困户的特色农产品卖上了好价。目前，全市特色经济作物面积达到40万亩，新增专业合作社268个，农副产品逐渐由"种得好"向"卖得好"转变，实现了"修好一条路、带动一片产业"目标。

第三节 "交通+电商"扶贫模式案例

一 构建县、乡、村三级农村物流服务网络，促进农产品上行和工业品下行

为贯彻落实党中央、国务院关于打赢脱贫攻坚战决策部署，健全完善贫困地区农村物流服务体系，提高贫困地区农村物流

服务覆盖率，推进贫困地区农村物流健康可持续发展，更好支撑农村地区脱贫攻坚，近年来，交通运输部持续推进贫困地区农村物流发展，先后出台了《关于推进乡镇运输服务站建设加快完善农村物流网络节点体系的意见》《关于深化交通运输与邮政快递融合推进农村物流高质量发展的意见》等相关文件，着力完善贫困地区县、乡、村三级农村物流服务网络，努力提高贫困地区农村物流组织化、规模化、集约化水平，不断提升贫困地区农村物流运营效率、服务品质和可持续发展能力，以更好地支撑贫困地区脱贫攻坚。

1. 统筹利用多方资源构建三级农村物流网络节点体系

交通运输行业主动加强与农业、商务、供销、邮政等部门的联动协同，有效整合货源和运力资源，因地制宜地制定完善县、乡、村三级农村物流网络节点体系的工作方案。县级农村物流中心包括三种类型：一是公路货运站场；二是升级改造、增设相关设施、拓展物流公共服务功能的公路客运站；三是交通运输企业与邮政、快递、供销等分拨中心开展业务合作，统筹组织县域内运输服务的物流站点。乡镇运输服务站包括三种类型：一是新建具备集客运和物流服务功能的乡镇运输服务站；二是对既有乡镇客运站、交管站、公路养护站等站场设施进行改造升级的乡镇运输服务站；三是交通运输企业充分利用邮政、供销社、电商服务网点等设施资源，通过业务合作的方式统筹组织辖区内的农村物流服务的乡镇运输服务站。村级农村物流服务点包括两种类型：一是充分利用村相关公共设施资源，为乡村物资集散提供服务的场所；二是以小卖店、超市、村邮站为载体，开展日用生活消费品、农资以及快件接取送达服务的场所。

在系列政策的鼓励下，全国各地积极开展农村物流服务网络建设，以黑龙江省虎林市为例，该市制定了《2018年至2020年乡镇农村物流综合服务站和村屯物流网络节点建设方案》，85个行政村的物流综合服务站也正在建设之中，县、乡、村三级物流网络即将搭建完毕。在农村公共交通的保障下，为农产品销售打开了新渠道，有力促进了农民增收，2018年，全市农村居民人均可支配收入19165元，同比增长7.8%。

四川省阿坝藏族羌族自治州小金县以农村道路提档升级为契机，不断完善农村公路物流网络，大力发展农村电商。依托全国电子商务进农村综合示范县项目，围绕“五大优质农产品基地”，配套新增电商服务站点89个，新增网店125家，电商产业园引进入驻顺丰、圆通等13家快递物流公司，实现电商销售网络联点成线成环，电商交易额已突破4500万元。农村电商实现了从无到有、从小到大的蜕变，“一台电脑、一条宽带、一串订单”的电商发展新路子逐渐成形，农村道路架起了农畜产品商品化、加工产品市场化、劳动力资源价值化的桥梁。通过实施“交通+电商”，交通网络得到不断完善，实现了交通物流与网络的“无缝对接”，让脱贫奔康之歌响彻高原乡村。

2. 提升节点设施综合服务能力

积极适应农村一二三产业融合发展和农民消费升级的需求，加快推进县级农村物流节点流通加工等综合服务功能建设，优化健全乡镇和村级物流节点相关功能，实现“一点多能、一网多用、多站合一”。

以河南省洛阳市栾川县为例，为进一步助推农村电子商务发展，栾川县人民政府通过招商引进郑州现代物流中心有限公司投资建设栾川县农村物流三级网络节点体系，并成立子公司——栾川永康城乡物流有限公司负责项目的运营管理。项目的一期工程包括1个县级物流中心、9个乡镇综合服务站和60个村级物流服务点。

通过对栾川县绿苑农产品物流中心改造升级，形成了县级物流中心。占地56亩，位于县城东部，距离洛栾高速收费站1公里，主要包括物流分拣、仓储、冷库、电商、农村淘宝等物流设施，停车、餐饮、住宿等物流配套设施。目前已开行了3条乡镇货运班线和5条城区配送班线。真正实现农村物流“最初一公里”和“最后一公里”有序集散和高效配送。

依托原有乡镇客运站进行升级改造，集客运、物流、快递、农村电商、信息服务等为一体，实现“资源共享、一站多能、多站合一、便利高效”。目前已整合改建三川、合峪、潭头等9个乡镇客运站为乡镇综合服务站。

充分利用行政村内的农家店、农资服务社、超市、村邮站、农村淘宝等现有资源，新建60余个村级物流综合服务点。通过整合供销、邮政、零担物流、电商、快递等服务功能，完善栾川县、乡、村三级农村物流网络节点的仓储、包装、分拣、装卸、配送、配套服务等功能，统一物流设施设备的配置标准，实现了收件派件、代收货款等，健全了农村物流末端网络。同时，以县城为中心，开通了东西南北4条农村物流货运班线，真正实现了农村物流"最初一公里"和"最后一公里"有序集散和高效配送。

山东省莱阳市围绕农业产业化快速发展催生的旺盛物流需求，构建覆盖县、乡、村三级农村物流网络体系，搭建起了一座农副产品上行进城、城市工业产成品下行进村的桥梁，其中，莱阳交通物流中心年运输收入1.2亿元以上，上缴税金800多万元，莱阳市富民农资配送中心年营业额在1.6亿元以上，市场占有率在40%以上。

湖北省赤壁市以农村供销合作社、村邮政服务点和农家超市为依托，建设功能齐全、服务一体的村级物流服务点。村级农村物流服务站面积一般为30~50平方米，具有信息收集发布、快件包裹收发、网上代购、农资代购、农产品收购与代销、便民服务（助农取款、缴费服务、票务服务、乘车服务、社保服务）等功能，有效整合了县域内农村物流政策资源和行业资源，实现了多部门、多产业、多功能的融合。

赤壁市依托龙头企业整合资源，推进农村物流三级节点体系建设，具体做法包含几方面。

一是制定农村物流服务标准，促进农村物流服务规范化。制定《农村物流三级配送服务规范》《县级农村物流仓储运营中心服务规范》《县级农村物流仓储运营中心建设规范》《镇级、村级物流综合服务站点建设规范》等 4 项标准，并以标准为核心，推进农村物流的节点建设和运营中的“五统一”，即装修样式统一、站牌标示统一、设施配置统一、服务范围统一、服务标准统一。

二是按照节点标准化建设要求，布局“一心十站百点”。第一是完善县级物流中心功能，实现区域农村物流网络与干线物流市场、农资配送中心、电商、快递、干线物流、农村药品配送等各类资源投资建设赤壁市农村物流中心。农村物流县级中心面积为 11950 平方米，包括农村物流三级配送中心、快递分拨中心、农村药品配送中心、农村日用品仓储中心、农资配送中心、物流信息交易中心、农村电商服务中心等功能区块。第二是以“多站合一”模式建设乡镇农村物流综合服务站，实现农村物流功能多样化。按照“多站合一”的模式，通过改造或新建方式建设镇级农村综合运输服务站和物流综合服务站。在服务站的规范化管理方面，做到了“四有上墙”：站点职责、管理制度、服务流程、收费价格；“四区分开”：农产品信息交易区、邮政快递区、综合物流服务区、农村电商服务区；“四簿台账"：寄件台账、派送台账、收购台账、网购台账。第三是依托网点资源健全村级农村物流综合服务点，解决制约农村物流的瓶颈问题。通过开展"交供合作、交邮合作、交商合作"等形式，以农村供销合作社、村邮政服务点和农家超市为依托，建设功能齐全、服务一体的村级物流服务点。通过三级网络体系建设，有效整合了县域内农村物流政策资源和行业资源，实现了多部门、多产业、多功能的融合。第四是开通"四定"农村物流班线，实现三级网络节点体系的全覆盖。按照便民、低耗、高效的原则，购置适合农村道路运输条件的货车 15 辆，开通"定时、定点、定线、定车"的"四定"农村物流班线 5 条，实现县、乡、村的双向货物运输配送服务和"门到门、点到点"的无缝对接服务。

三是按照管理科学、运行高效的原则，实行标准化运营。城乡物流配送企业对农村物流运营实行统一管理，其中县级物流中心的配送实行"统一调度、统一合同、统一价格、统一核算"管理模式。乡镇服务站实行站长负责制，市场化运作，企业化管理。村级服务点实行与村点（包括包裹寄送服务点）合伙人签订服务协议，实行市场化运作，按网点实际完成的工作量进行绩效管理。

取得成效也十分显著，一是服务生产资料下乡，降低了农业生产成本。农资下乡通过设在农村物流中心的农资仓配中心，实行统一采购、统一仓储、统一配送，降低采购成本

10%，降低物流成本20%。物流配送中心和乡镇物流服务站的建成运营，较好地解决了商品中转仓储难问题，节约配送成本15%、提高运输效率30%以上。二是服务电商快递下乡，提高了农民生活品质，降低了电商物流成本。三级农村物流服务体系建成运行后，使电商物流服务延伸到了“最后一公里”，在农村物流综合服务点，村民可以网购生活消费品，价格比实体店便宜至少20%，并能实现在家门口收寄包裹。快递包裹通过在物流中心设立的快递分拨中心，实行统一收寄处理，使派件成本降低20%、寄件成本降低50%以上。三是服务农村产品进城，带动了农村经济发展。赤壁市农村有丰富的农特产品，过去农村信息闭塞，农特产品因量少不成规模，很少有人上门来买，自己运进城销售成本太高，吃不完的农产品大都浪费了。现在村民的农产品通过村级服务点代售，实现了村民在家门口卖农产品，既节省了时间，又在降低物流成本的同时，增加了收入，特别是对只有少量农产品出售的农民来说受益最大，带动了村里经济发展。四是服务精准扶贫，增加了农民收入。据统计，一个月内，余家桥乡大岭村、新店镇朱巷村、赵李桥羊楼司村3个试点扶贫村通过农村物流综合服务点收发包裹352件，销售鸡鸭等家禽186多只、鸡鸭蛋10600个、竹笋3510斤、其他蔬菜1260斤，实现农产品及农副产品交易额28730元，减免物流费用近千元，农民已经从农村物流的便利服务中得到了实惠。

二 创新运输组织模式，整合农产品供应链资源

1. 创新运输组织模式

交通运输行业通过推广城乡统一配送、集中配送、共同配送等先进模式，提高配送效率和运营管理集约化水平。

湖北省宜昌市长阳县整合村级流域车辆，在人口密集、物流高频发生、物流辐射区域广的农村地区进行流域式运输配送；整合10条长阳到长阳各乡镇的干线物流，对长阳到各乡镇的货物进行干线配送运输；根据乡镇特点，针对性在适合的乡镇，开通一条巡游干线，以乡镇农村交通物流服务站为中心，每天对物流高频发生的村级网点进行一次巡游运输配送；根据季节性的需要开通农产品基地直达专线，根据基地的需要提供冷藏等各种车型，去程由基地直发市场，回程根据市场的需要带上零担或者其他本地刚需农产品，为基地减少物流成本40%以上。经测算，通过创新运输组织模式，给快递物流公司节约乡下配送成本20%，给合作企业节约运输配送成本20%，部分需要自己配送的企业增加收入15%以上。

2. 鼓励"互联网+"农村物流新业态发展

通过支持企业在农村物流领域的业态创新、模式创新，依托互联网，整合运力和货运，提升运输效率和水平。

同样以河南省洛阳市栾川县为例，该县结合无车承运，创新组织模式（图2-1），将无车承运与农村物流相结合，根据农村物

流的特点，实现同仓共配。具体做法：一是整合社会车辆。将原有45台社会车辆（含15台三轮车）和驾驶员注册为平台会员，并对其资质进行查验。二是采集运输轨迹。通过车载终端（三轮车利用NFC芯片实现驾驶员手机和车辆的绑定）、手机App，收集车辆轨迹和驾驶员手机轨迹，实行双定位。三是在线组织运输。实现与上游零担物流、电商快递等货主单位的数据交换，整合了货源信息并在线组织运力，实现电子运单的实时传递、货物状态的实时跟踪、货款运费的即时结算。通过无车承运平台在线组织统一配送，提高了单车装载率，优化了配送线路，减少了中转装卸，有效降低配送成本。以县级物流园区为中心，设置东西南北4条乡镇配送线路，5个城区配送服务片区，乡镇实现一天1次配送，城区实现一天4次配送，覆盖全县9个乡镇，辐射70%的行政村，从而有效地降低了物流的运营和配送成本。

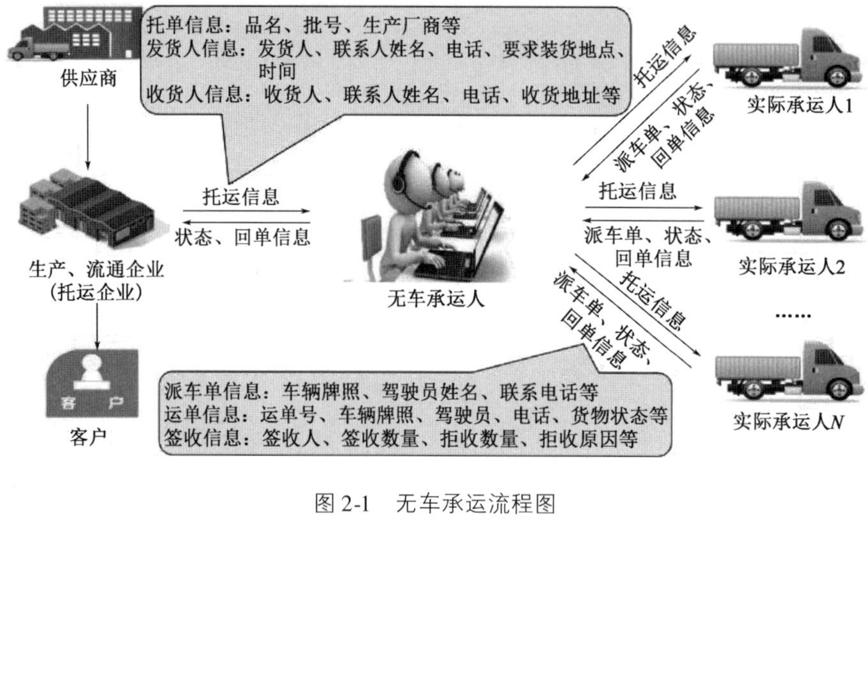

图2-1 无车承运流程图

3. 充分挖掘城乡客运班线货舱运力资源

交通运输行业通过发展小件快运、电商快递等服务，实现客货同网、资源共享。

山东省莱阳市依托从事农村客运班线经营的120多辆车，以市区农村物流货物集散分拨中心为中心，以农村物流超市连锁店为节点，以站到站、定点定线定时的运输方式，为农民提供快捷便利的小件快运服务，目前，已辐射全市783个行政村，每年可为运输企业节省直接物流费用近5000万元，经济效益和社会效益十分明显。

江苏省徐州市丰县重点打造“城乡电动公交体系+货运专线配送体系+电动三轮配送体系”相结合的三级物流运力网络。以城乡配送中心为中心，以遍布城乡的公交及多级配送中心为节点，形成一张辐射全域的物流生态体系。充分利用城乡公交现有的387辆公交车、已开通的14条遍布全县的公交运营网络，增设农村交通物流服务功能。尝试利用公交车配送小散货件进城下村；对大件货物配送，开通城乡物流专线运输，配置专用厢式新能源货运车辆。专线运输采用公交运行模式，按照“定时、定班、定线路”，确保货物及时送到村民手中。目前已开通货运专线4条，投入适合农村物流的各种货运车辆30台。

三 多方融合，拓宽贫困地区农产品销售渠道

1. “交通 + 邮政”

目前我国已经有邮政快递营业网点 31.9 万处，其中设在农村的有 10.5 万处。邮政快递业坚持以大力推进产业扶贫为工作重点，深化与农村电商的融合发展，积极推广“寄递 + 农村电商 + 农特产品 + 农户（合作社）”的产业扶贫模式，通过微商、直播平台销售农特产品，大力促进邮政快递服务现代农业，多渠道解决农产品销售难、出村难等问题，推动从“寄包裹”“收包裹”到“产包裹”的转变，积蓄起贫困地区产业转型和激励脱贫的新动能。截至 2019 年底，已经培育出业务量超百万件的快递服务现代农业“一地一品”优质项目 163 个，打造出沭阳花木、安溪铁观音、柳州螺蛳粉、赣州脐橙、苏州大闸蟹、玉林百香果、洛川苹果等年快递业务量超千万件的“快递 +”金牌项目 37 个；2019 年，中国邮政培育“一市一品”项目 712 个，通过项目配送农特产品进城 49 万吨，实现交易额 66 亿元，帮助 8.6 万户贫困人口增收 2.6 亿元，平均每户增收 3000 余元。

山东省临沂市沂水县交通运输局与邮政局共同出台了《沂水交邮战略合作实施方案》依托完善的乡镇邮政网点和邮件运送网络，运送农资用品和生活用品。各县区与当地邮政行业积极对接，沂水县在临沂市率先与邮政签订县级层面战略合作协议，并成功实现代发养路员工资、在长途客运站设立邮政业务

专区等。沂水传宝物流园与县内8家快递公司合作，承接由县城到乡村的快递配送业务，实行统一配送，将货物及时运送到农户手中，解决了快递公司由县城配送到乡村路程长、费用高的难点问题。

2. “交通+电商”

《交通运输部办公厅关于推进乡镇运输服务站建设加快完善农村物流网络节点体系的意见》（交办运〔2018〕181号）中提出，以深度贫困地区为重点，加强多部门合作，着力推进一批典型的“交通物流+优势产业”“交通物流+电子商务”“交通物流+特色资源”等项目建设。

湖北省十堰市丹江口市、郧西县整合电商资源，与商务供销等部门合作，引进新合作物流企业参与经营，加快了农村电商发展的步伐，丹江口市、郧西县均被商务部列为全国农村电商试点县市。

黑龙江省虎林市依托客运班车进村入屯优势，全力推进“交通+电商”，在东方红、珍宝岛、虎头、杨岗等11个乡镇布设了电商综合服务中心。全市发展电商企业43户、个体网微店铺1300多家，酸菜、杂粮、蜂蜜、山野菜等产品借助网络走出虎林市，进入外地市场。

陕西省宝鸡市扶风县搭建全县独家电商平台“印象扶风”，涵盖工业消费品、农特产品两大类8300个单品，授权设立“印象扶风”镇村网购体验店151家，组建“蜗居乐购”电子商务公司，采用手机 App 运营模式，开启扶风一站式网购商城，同城一小时快捷配送。截至 2019 年底，代收代卖农户分散种植的苹果、猕猴桃、辣椒等农副产品 8320 吨，解决了农副产品难卖的问题，增加了农户收入。

陕西省渭南市大荔县成立了“大荔县农村三级物流发展工作领导小组”，并先后下发了《大荔县人民政府关于推动农村三级物流发展的实施意见》《大荔县人民政府关于进一步加快农村物流发展的实施意见》等文件，明确提出按照“政府引导，政策扶持、统一规划、合理布局、示范带动、分步实施”的原则发展农村物流工作。多次召集交通、财政、经发、税务、工商等相关部门召开专题会议，要求各部门在物流站场用地、物流车辆通行、农产品运销、物流运营环境保障等方面都给予支持与配合。县财政从 2011 年起每年拿出 100 万元用于扶持全县物流产业基础设施、网络平台及站点建设，为全县农村三级物流体系的正常运转和基础设施的改善提供了资金保障。同时通过组织有关部门制定一系列规范规定，定期进行人员培训，不断培养农村物流人才，为规范化建设打下坚实基础。在政府部门的高度重视和正确引领下，大荔县农村物流服务体系，以中心、站、点基础设施网络为主体，以综合信息服务网络平台为核心，以物流配送网络为补充，三网融合、衔接紧密、协调发展。

3. “服务区 +”

《交通运输部办公厅关于印发深入开展消费扶贫助力打赢脱

贫攻坚战实施方案的通知》（交办规划〔2019〕55 号）中提出，积极开展“服务区 +”行动，服务地方经济发展。江西省通过“服务区 + 精准扶贫”模式，在服务区开设农产品销售窗口，利用服务区驿购便利店，推广扶贫超市，在服务区内加大对扶贫地区文化及特色产品的宣传推介，提升其品牌影响力，从而实现贫困户稳定增收和脱贫。以江西省九江市德安县车桥镇义门村为例，三年来，高速公路服务区帮助该村贫困户销售黑木耳、干笋等 20 余种土特产，仅该村黑木耳销量就高达 2 万余份，销售总额高达 120 余万元。截至 2018 年 1 月，全村完成了省级贫困村的“脱贫摘帽”。

四 加强农村物流信息化建设，提高运营效率

1. 加快县级综合信息服务平台建设

交通运输行业支持县级农村物流中心或农村物流龙头骨干企业建设县级农村物流综合信息服务平台，完善平台网上交易、运输组织、过程监控、结算支付、金融保险、大数据分析等服务功能，并加强与电商、邮政快递等平台的有效对接，实现县、乡、村三级农村物流信息资源的高效整合、合理配置。

江苏省徐州市丰县开发了丰县城乡物流调度平台，该平台主要功能为物流车辆实时监控、报表分析、运营管理等。平台的开发为车辆调度、安全管理、运营成本分析、配送人员考核提供技术支撑，同时，打造丰县自己的网上商城。

湖北省赤壁市加快农村物流信息系统建设，在农村物流中心投入170万元建设农村物流信息平台，配备专业信息化设施，设置信息发布区、交易区、货车卡务服务中心，同时，整合农业、供销、邮政管理等相关部门信息资源，完善乡村物流信息节点布局，实现信息的交互和共享，运输效率提高30%以上。

陕西省宝鸡市扶风县通过“印象扶风”电商平台，利用农村物流专线车辆实现了农村地区工业品的下行和农产品的上行，同时一定程度上降低了车辆的空载成本，最终降低了农村物流的配送成本。

福建省三明市沙县建成开放式电商仓储配送物流公共平台，坚持平台共享开放原则，支持顺丰、通达、百世等快递公司，实现民营快递共同配送，提升快递服务时效、降低配送成本。此外，建设龙湖物流园等集“仓储 + 收寄 + 分拨 + 投递”等功能于一体的县级电商物流集散中心，提升三级物流体系运营能力，建立高效作业流程，依托“助农（扶贫）联盟”持续面向全县各乡镇提供农产品滞销帮扶及优特品牌孵化服务。

2. 加强农村物流信息终端建设

应用条形码、射频识别技术、车载卫星定位装置以及电子运单等先进信息技术和管理方式，加强货物交易、运输、仓储、配送全过程的监控与追踪，并实现信息数据与县级综合信息服务平台的互联互通，通过农村物流的信息化、数字化管理，提高运营效率。陕西省渭南市大荔县目前共安装并应用物流信息客户端300多个，建成链接全国、覆盖全县、辐射秦东的物流网络信息平台，形成了县级设信息发布大厅、镇级设物流信息服务站、行政村设物流信息服务点的三级农村物流信息服务网络体系，为物流企业和运营车主拓展经营范围、提升运营效率提供了丰富的实时信息服务。车货信息的无缝衔接，减少了车辆的空驶里程，车辆实载率提高了20%以上，节约了车辆油料消耗，运输成本降低30%以上，符合国家节能减排的要求。

第四节 “交通+就业”扶贫模式案例

一 依托便捷交通条件，吸引外出务工人员返乡就业

农村公路的建设，极大地缩短了城乡往返的时空距离，深刻改变了农村的生产生活条件和社会面貌，有利于缩小城乡差距、减少贫困人口、促进城乡基本公共服务均等化，有力支撑农村人口由农业向工业和服务业转移，由农村地区向城市地区转移，从而加速了贫困地区由农业社会向工业社会、由乡村社会向现代社会转变，广大农民群众可以发展现代农业，可以兴办工厂，可以到城市务工就业，也可以返乡创业。

据统计，2013—2017 年，安徽省农村公路建设累计完成投资 711 亿元，成为安徽省农村公路建设发展史上投资最大的时期。随着交通条件的日益便捷，“人回乡、钱回流、企回迁”“归雁经济”规模日增。截至 2017 年底，作为传统劳务输出大省，安徽省共有 52.4 万名农民工返乡创业，创办就业实体 15.3 万个，带动近 300 万人就业。

交通不便是制约农村经济发展和脱贫攻坚的因素。安徽省安庆市岳西县菖蒲镇通过积极落实国家各项脱贫政策，加大资金投入力度，加快改善包括农村道路在内的基础设施条件，不断吸引外出能人回乡创业，通过扶贫工厂让贫困户在家门口实现就业和稳定增收。海创饰品有限公司就是其中的一个：得益于农村道路提标扩面工程，进入厂区车间的道路扩宽为 5 米，海创饰品扶贫车间建筑面积从 2012 年的不到 2000 平方米，扩大到现在的 6000 平方米，实现了纽扣生产从定型到成品的全生产线，吸纳了周边多个村的 62 名村民到厂上班，其中贫困人员 31 人。2015 年的岳西县巍岭乡金榜组还是一个“无产业、无人才、无增长点、很偏僻”的贫困村。交通十分不便，仅有一条坑坑洼洼的机耕道路与主村道连接。2016 年金榜组的道路被列入第一批“四好农村路”建设改造的村组道路建设项目，经过畅通工程、扩面延伸工程的实施，如今的金榜组户户都通了水泥路，路边安了路灯，村庄里的河道清洁，村容村貌焕然一新，山间景致如画，民宿独具特色，公路四通八达。外出的游子纷纷回乡创业，全组 12 户农户办起了民宿，与周边 18 家民宿成立联盟、抱团发展，“金榜乡村”成为了大别山康养基地的品牌，前来康养度假的游客络绎不绝。当地群众获得了实实在在的红利，到2018 年底人均年收入达到9416 元，彻底告别贫困，走上致富的康庄大道。

二 针对部分贫困劳动力外出务工难题，设立交通公益岗位

交通运输行业通过规范就业扶贫公益性岗位开发管理，统筹开发公益性岗位，既发挥公益性岗位托底安置作用，又考虑各地的承受能力，同时注重提升贫困人员劳动积极性，取得了良好的效果。

针对深度贫困地区建档立卡贫困劳动力在外务工方面存在的“一无本领、二无胆量、三怕受欺负、四怕权益得不到保障”四大障碍，以深度贫困地区为试点，着力创新劳务就业思路，依托交通项目建设、农村公路养护等用工需求，采取有组织的劳务输出、劳务就业、劳务创业，打造有组织的劳务产业模式。

以贵州省黔东南苗族侗族自治州从江县为例，主要做法包含三方面。

一是构建四级组织。“从江模式”的组织载体分为四级：第一级为从江县脱贫攻坚省级定点挂牌督战队，既“督”更

“战”，为从江县有组织的劳务就业工作把方向、定思路、抓调度，从省级层面协调支持；第二级为省级定点帮扶单位，省交通运输厅和从江县委、县政府，具体抓政策、抓动员、抓保障；第三级为从江县扶贫就业专业合作社联合社和从江扶贫建设工程服务有限公司，作为劳务产业与贫困户利益联结平台和劳务产业发展龙头企业；第四级为100个农村公路养护队和25个工程劳务小分队，作为劳务产业发展的扶持者、受益者，也是示范者。各层级之间根据各自权责，形成有机的统一体，确保体系完备、运行顺畅。

二是开发就业渠道。精准区分不同类型、不同素质的劳动力，分渠道实施分层就业。一方面，重点针对50岁以上的劳动力，以19个乡镇劳务合作社为产业组织，结合从江县3200公里农村公路养护的实际需要，创新探索开发农村公路养护员公益性岗位1000个，每10人组成一个养护队，养护32公里，宜工宜农，离土不离乡，实现了“重活相互帮、十人一个队，有活一家上、一人带一户”，让建档立卡贫困户从土地里走到马路上，从马路上走到高速路上，让固化在土地上的劳动力要素活跃在需养护的农村公路上，实现建档立卡贫困人口1000户4396人稳定脱贫。另一方面，重点针对离土又能离乡的50岁以下劳动力，结合全省交通项目建设用工需求，定向招录吸纳从江县贫困劳动力，成班组、成建制地组织培训，打造专业工程施工队伍，通过工程承接分包，吸纳335人稳定在岗，实现建档立卡贫困人口254户1058人稳定脱贫，有的群众从“打工仔”变成“包工头”，年收入近20万元，成为脱贫致富的带头人、小老板。

三是用好扶贫政策。依托从江县农村公路建设管理和养护，将省交通运输厅定点帮扶从江县专项资金与农村公路养护员公益性岗位紧密结合起来，补助农村公路养护员每人每月600元，再匹配人社部门的就业扶贫援助补贴每人每月400元，实现积极的财政政策与积极的就业政策“双剑合璧”，让就业的渠道更加稳定，积极的财政政策更加积极有为，为从江县按时高质量打赢脱贫攻坚战提供有力支持和要素保障。

黑龙江省海伦市将交通运输与发展劳务经济融合。在建设农村公路的用工上，优先使用建档立卡贫困户。“十三五”以来，共吸纳1200余名贫困劳动力，人均增收3000元以上。同时，优先聘用贫困户从事农村道路养护工作，目前已聘用171名贫困人员，每户贫困户年可增收6000元，实现了“扶持一岗、脱贫一户”目标。

以福建省莆田市为例，具体做法包含三个方面。

一是出台“三个一点”政策。市政府研究明确各部门管理职能，对精准扶贫公交驾驶员培训聘用事项，予以优惠政策支持。出台“三个一点”政策，即培训机构降一点、上级部门补一点、聘用企业出一点。培训费用由政府相关部门协调，采取减免、扶持及市公交集团公司垫付的方式予以支付。具体是：交通运输管理部门负责与驾校协调，对帮扶对象的培训费给予9

折优惠，给予帮扶对象3000元/人的扶贫补助；农业部门给予帮扶对象5000元/人的扶贫补助，不足部分由市公交集团公司垫付，垫付资金在帮扶对象今后工资及岗位补助中逐年扣除。帮扶对象在市公交集团公司服务满5年后，返还公司垫付资金50%；满8年后，全额返还公司垫付资金。

二是制定培训就业方案。交通运输管理部门牵头制定《莆田市帮扶贫困对象参加公交驾驶员培训及就业工作方案》，明确各级交通运输、财政、农业部门以及市公交集团公司的职责，并组织扶贫对象培训前动员座谈、考核登记。

三是落实帮扶措施到位。培训通过并取得A3驾驶证的帮扶对象，由市公交集团公司负责与其签订劳动合同并安排上岗。除驾校对学员进行培训外，市公交集团公司免费组织学员有针对性地进行理论、实践、实训培训。为解决学员后顾之忧，培训期间，市公交集团公司给予每位学员生活及交通补助40元/天。其中在培训间歇期内担任公司安保、导乘岗位的补助100元/天。取得A3驾驶证后，在一年实习期内，市公交集团公司可提供实习岗位，工资约2700～3000元/月，并发放过节（加班）费及年终奖等。签订合同后，即可办理缴纳“五险一金”手续，由市公交集团公司安排工作并提供免费驾驶复训；一年实习期满后经公司组织考核通过后，即安排驾驶员岗位，工资不低于6000元/月。

宁夏回族自治区以发动群众参与农村公路养护为依托，推行“专业任务交给养护站、日常养护交给沿线群众”的农村公路管养运行机制，既保障农村公路日常养护到位，又增加当地农民群众收入。农村公路日常保洁大部分就近由沿线群众承包，每人管养范围10公里左右，年平均工资每公里1000元左右，极大地调动了全民参与农村公路养护的积极性和主动性。

三 结合当地就业需求，开展就业服务

1. 积极助力疫情后复工复产工作

2020年新冠疫情导致大批农民工返岗难，还有部分贫困群众因此失业。全国交通运输系统组织发送“点对点”直达包车、铁路专列、民航包机等，累计开行返岗包车19万趟次、运送农民工超过480万人，安全快捷地把农民工兄弟从家门口送到厂门口。在企业复工复产、重大项目建设、物流体系建设等方面，优先组织和使用贫困劳动力，继续做好扶贫公益性岗位和农村公路养护等工作的有机结合，积极为贫困劳动力提供更多的就近就业机会。

2. 快递小哥，“一路邮你”

邮政快递业在扶贫过程中注重发挥行业优势，大力开展“扶智扶志”行动，将提升贫困地区劳动力就业技能、拓展青壮年劳动力就业渠道作为扶贫工作重点，多措并举开展就业扶贫。通过建立就业扶贫基地、定向招聘等方式，面向贫困地区扩大招聘力度，通过合伙人计划、伙伴计划等方式，推动从业人员

返乡创业，带动贫困群众一起实现就业脱贫。2014 年以来，共解决农村地区就业 150 万人，仅 2020 年前 8 个月，邮政快递业就为农村地区新增就业岗位 15 万个以上，帮助 504 个国家级贫困县的 10 万户贫困户增收 1 亿多元。全国 400 万快递小哥大部分来自农村地区，其中就有不少来自贫困地区。

以黑龙江省牡丹江市为例，大力推动交邮合作，创造更多就业岗位。2014—2018 年，牡丹江市有建档立卡贫困村 29 个，建档立卡贫困户 3250 户、共计 7102 人。2019 年末，牡丹江市已实现所有贫困村全部出列、贫困户脱贫。牡丹江市邮政管理局和市交通运输局自 2016 年开始率先开展交邮合作试点项目，选取穆棱市作为试点县，形成了“牡丹江模式”，通过各层面开展交邮合作重点项目，创造就业岗位。在村级层面，整合社会资源，整合利用“益农信息社”“农村电子商务讲习所”“村邮站”建设综合服务点，叠加“淘宝村播”项目，培训广大农民利用手机就能自己在家直播卖货，利用“交邮合作”“邮快合作”选取低价的物流服务将本地特色农产品卖向全国，增加更多就业岗位。

第五节 “交通 + 教育”扶贫模式案例

一 提供定制班车，助力学生求学

通过人车联网，实现出行需求与运力供给信息实时共享与精准匹配，满足广大农村群众个性化、多样化出行服务新需求。

贵州省依托省“智慧交通云”，研发并推广运营“通村村”农村出行服务平台（即“通村村”App），学生定制班车功能连接线下村级综合服务站和客货运车辆，着力解决贫困地区学生上学难的问题。为全县农村学生累计提供定制班车服务4.3万人次，学生出行平均时间减少50分钟左右，人均出行成本下降近20%。

二 聚焦精准扶贫人才短缺问题，全方位提供支援

1. 加强交通基层人员培训

重点面向西部地区和六盘山片区等地，交通运输行业积极开展教育培训扶贫工作，分批次培训行业管理干部和专业技术人员。党的十八大以来，交通运输部围绕建设项目招投标、财务审计、“四好农村路”建设、道路养护等专题，举办基层干部、技术人员等各类精准扶贫专题培训班。围绕农村公路建管养运等领域紧缺的技术，开展相应的培训和推广工作，提升贫困地区农村公路技术应用水平。

2. 打造海员培养基地

在交通运输部海事局的统筹指导下，天津海事局自2007年开始推进西部海员发展工作，联合延安市人民政府、延安市老区建设促进会、延安职业技术学院等多部门，打造特色鲜明的“西部海员培养基地”，帮助更多的山区青年实现“海员梦”。经过十年发展，延安职业技术学院具有交通运输部海事局批准

的三副、三管轮等14项海船船员培训资质和4项内河船员培训资质，航运工程系经过十年建设发展，拥有30多个实训室，已成为西部海员培养基地。自2008年以来，累计招收航海类专业高职学生819人，历年毕业生就业双选会现场签约率达到100%。十年来，西部海员培养基地采取“政府支持一点，企业扶助一点，学校减免一点”相结合的办法，各方共同努力，吸引更多的年轻人投身航海事业，走向海洋，走向富裕，达到了“授之以渔”的帮扶效果，让西部贫困地区的年轻人从靠天吃饭到靠本事吃饭、靠技能吃饭。

3. 凝聚各方力量

坚持专项扶贫、行业扶贫、社会扶贫等多方力量、多种举措有机结合和互为支撑的“大扶贫”格局。交通运输部党组成员赴定点扶贫县和六盘山片区督导调研，组织召开定点扶贫工作推进会、六盘山四省区脱贫攻坚座谈会和六盘山片区部际联席会议，共同研究推动四县和片区脱贫攻坚。进一步深化结对联系帮扶机制，部内司局、部属单位组成的9个结对帮扶工作组，深入开展“四好农村路”系列宣传活动，积极动员全行业和社会各方力量因地制宜开展捐资助学、消费扶贫、电商扶贫、党建扶贫、“小桥工程”等帮扶工作。

4. 加大深度贫困地区双向挂职

结合援藏、援青、援疆等专项工作，针对集中连片特困地区、定点扶贫县、六盘山片区、赣南苏区安远县的脱贫攻坚实际需要，选派了优秀干部分赴贫困县挂职。严管厚爱，激励挂职干部担当作为，制定了《关于做好扶贫挂职干部服务管理工作的意见》，严格落实扶贫干部相关待遇和生活补助政策，对在扶贫挂职工作中表现优秀的干部大胆使用。在积极选派干部去深度贫困地区挂职的同时，交通运输部还接收了地方干部到部机关挂职交流，交通扶智行动进一步增强了贫困地区脱贫攻坚的交通“软实力”。截至 2019 年底，以定点扶贫、六盘山片区、对口支援、援藏援疆援青、博士服务团等方式为主体，共选派 124 名干部在贫困地区挂职锻炼。

以六盘山片区为例，从 2012 年到 2019 年，片区内农村贫困人口由 532 万人减少到 45 万人，91.5% 的贫困人口实现脱贫；贫困发生率由 28.9% 下降到 2.6%。2019 年，六盘山片区农村居民人均可支配收入 9370 元，比 2013 年增加 4439 元，增幅达 90%，贫困群众生产生活条件显著改善，幸福感、获得感显著提升。具体做法包含四个方面。

一是组织编制人才培训方案。2013 年 3 月和 4 月，交通运输部先后印发并启动实施了《六盘山片区干部人才扶贫挂职锻炼工作方案》和《支持六盘山片区教育培训工作实施方案》，将坚持落实脱贫攻坚任务与加强干部人才培养锻炼相结合、推动当地扶贫开发与丰富干部人才基层经验相结合、“请出来”与“送进去”相结合的工作原则，通过双向挂职锻炼、管理干部轮训、技术人员知识更新、干部职工队伍学历结构改善、交通职业院校师资队伍建设等方式，全面提高片区交通干部职工的综合素质，为片区区域发展和脱贫攻坚提供交通运输人才保障和智力支持。

二是依托各类资源对片区交通干部开展教育培训。面向六盘山片区设立了行业政策业务培训、行业关键岗位管理干部培训、行业急需紧缺技术人才培训、交通运输精准扶贫培训、交通运输名师讲师团送教上门和远程网络培训等5类培训专项。

三是分批选派干部分赴六盘山片区四省区挂职。加强挂职干部选派管理。统筹做好挂职干部轮换。扩大选派干部视野，从全系统选优配强挂职干部人选。党的十八大以来，向六盘山片区的陕西、甘肃、青海、宁夏四省区选派多名挂职干部，为片区脱贫攻坚贡献交通智慧和力量。

四是结合单位优势采取多样化帮扶措施。推动片区农村交通运输示范引领创建工作，指导支持宁夏回族自治区固原市、陕西省宝鸡市扶风县、陕西省咸阳市长武县参与全国“四好农村路”示范县创建。强化扶贫扶智，为宁夏回族自治区六盘山片区交通运输部门管理及技术人员开展农村公路建设、“通村村”农村客运 App 等培训，并赠送专业书籍。联合片区共同开展战略规划研究，建立海事监管结对帮扶机制，对海事管理业务、人员培训等多方面进行帮扶，免费为当地海事部门培训轮机员。推动从当地贫困群众招募海员，协助就业。

图 2-2 为 2019 年六盘山片区四省区交通扶贫交流会。

图 2-2　2019 年六盘山片区四省区交通扶贫交流会

三　打造农村公路品牌，拓展文化教育内涵

公路建设是过年，公路养护是过日子。交通运输行业注重公路品牌文化建设，以路为媒，创新宣传精神文化。

黑龙江省尚志市积极转变养护理念，由过去用力养护向用心养护转变，在精细化下功夫，促进了农村公路养护品牌化，赋予了农村公路丰富的宣传文化内涵。公路沿线景点已经成为往来驾乘人员的休闲驿站和假日短途旅游、沿线乡村休闲聚会的目的地，以及年轻恋人婚纱摄影的拍摄地。公路文化的内涵更加丰富，公路资源的社会效应也得到有效发挥。站舍功能在使全市 17 个乡镇近 300 个村屯村民和过往驾乘人员受益的同时，一座座道班和养护中心也成为独具特色的公路休闲驿站和旅游观光景点。具体做法包含四方面。

一是创新宣传精神文化。充分挖掘公路部门和乡镇资源，着力打造具有品牌特色的农村公路视觉宣传文化。在满足农村公路建设、管理与养护的同时，也让参与其中的人们留得住回忆，记得住荣耀，激发干事创业的激情和动力。同时，开发寓教于乐、寓学于乐的职工演艺与春联征集活动，诸如“特色新闻联播”“创意宣传广告”和说唱节目等，展示农村公路行业管理人员与员工的业余爱好和特长，丰富群众性精神文明创建活动载体，提升精神文化品位，使得农村公路管理文明之花卓然绽放。

二是创新品牌微信文化。利用公路部门特有的资源优势成功打造“路坦情长”微信群工作平台。在日常工作信息发布、文娱活动等基础上，确立了每日定制的励志天气预报和每周洪盛嘚不嘚、老唐说养护、忠辉谈创城、莹莹美食等与职工群众工作、生活相关的板块栏目，为活化全市农村公路管理赋予新的内涵，成为尚志市行业管理与精神文明建设有机结合、协调发展、别具一格的微信群平台文化模式。

三是打造公路景观文化。各乡镇与公路部门按照“四好农村路”和“美丽乡村建设”的总体要求，在因地制宜、因时制宜，美化、绿化农村公路的同时，积极利用公路沿线空地或垃圾点，变废为宝，采用废旧轮胎、自然石、砖头等巧妙造型，并栽植高档花卉和绿篱。先后打造公路人文景观 75 处，其中大规模公路景点 25 处，进一步提升了农村公路养护品位。

四是完善站舍功能文化。以原有市公路站段、养护中心、道班房屋为依托，致力于农村公路面向社会服务综合服务站点窗口的打造。先后投资1400余万元，新建和改建2个养护中心、14座道班房屋，室内均建有各种文化宣传展板、员工工作心态与晴雨表等文化宣传设施。同时，增设手机及电瓶充电、修车工具、应急药箱等便民服务项目，道班综合服务站服务功能突显。

四 架起文化桥梁，加速思想交流

农村公路的发展为闭塞偏远的乡村打开了一条通往城市文明的道路。道路通畅带来了更多的人流和物流，在不断交往交流交融中，农民的思想观念发生转变，积极努力脱贫致富。以新疆维吾尔自治区为例，新疆维吾尔自治区属于典型的绿洲经济，分布着大小800多个绿洲，生态环境十分脆弱，居住高度分散，公路就是连接绿洲及乡村的生命线。各乡村利用村委会广播、宣传栏等媒体以及农民夜校、村民集体活动、每周升国旗等时间，加大“四好农村路”宣传，营造人人参与爱路护路的良好氛围。农村公路发展已经渗透到农村生活的方方面面，推进了农村基层民主进程，维护了农村政治稳定，促进了各民族的团结，对发展地方经济，实现各民族的共同繁荣、共同进步，产生了积极而深远的影响。

CHAPTER 3 | 第三章

“交通+”模式的成功经验及问题

在“交通+旅游”“交通+产业”“交通+电商”“交通+就业”“交通+教育”扶贫模式的探索实践中，各地积累总结了一系列成功经验和先进做法，同时，发现该模式也存在着部分不足和困境。本章通过总结提炼经验做法，剖析问题困境，为后续巩固拓展脱贫攻坚成果同乡村振兴有效衔接提供借鉴参考。

第一节　“交通+”模式的成功经验

一　地方特色是发展的必要条件

发展“交通+”模式的贫困地区需要具备一定的地方特色优势。贫困地区具有比较优势的自然资源、生态环境资源、空间资源、劳动力资源、特色文化资源，可以起到直接或者间接的扶贫作用。贫困地区要抓住当地特色资源，深入发掘并利用，依托交通运输对资源产业的引导带动作用，盘活带动特色产业，实现脱贫致富。

例如，辽宁省北票市依托当地养殖业、特色种植业等产业，通过农民专业合作社，整合农业资源，培育优势产业。在此基础上，利用交通运输对产业的聚集引导作用，积极推进电子商务产业发展，立足便利的交通物流和高效的运输服务，开辟了新市场，注入了新活力，采用“交通＋产业＋电商”模式实现精准脱贫。

二 交通运输是发展的基础条件

交通运输业对于打赢脱贫攻坚战起着重要的基础支撑作用。交通运输系统的建设和完善可以促进交通优势向经济优势转化。交通要素作为重要的区位因素，为区域经济发展提供硬连接和软服务，对贫困区域经济增长起到内生性作用，因此，交通运输是发展“交通＋”模式的基础条件，没有交通的发展，一切将无从谈起。结合当地发展特色，提供与发展相匹配的交通运输供给，实施定制化交通方案，可以使交通与当地经济发展形成更合理的互动，以助力精准脱贫。

例如，贵州省黔东南苗族侗族自治州雷山县通过人车联网，以需求为导向，串联特色景区，打造旅游包车服务，将旅游发展和交通客运定制化服务相结合，加速了精准脱贫目标的实现。

三 带头主体是发展的源生动力

贫困地区往往需要既有致富意愿、又了解当地情况、还能较好与之沟通的当地能人出面组织，通过“合作社＋农户”“公司＋农户”“公司＋合作社＋农户”等模式，充分发挥当地带头主体的作用，将贫困群众聚集起来，积极投入到当地交通扶贫等的工作中，进而依托“交通 +”模式实现精准脱贫。

例如，山西省大同市灵丘县紧紧围绕“乡乡有主导产业、村村有带动主体、户户有增收项目、家家有多元收入”目标，充分发挥带头主体作用，打“断头”、填“空白”、补“短板”，依托交通基础设施连通了各大园区与产业基地，构建起全覆盖、多元化的“一区、一带、两园、三级基地”产业扶贫大格局，带动增收成效显著。

四　支撑政策是发展的有效保障

贫困地区发展条件相对落后，资金、人才等方面都存在较大困难，必须配套强有力的支撑政策，才能有效推动“交通 +”模式发展。要根据贫困地区交通发展阶段和水平，制定差异化政策，系统指导、有效落实。

以江西省为例。

一方面加强规划政策保障。与交通运输部签订了《落实〈中共中央　国务院关于打赢脱贫攻坚战的决定〉加快贫困地区、革命老区交通运输发展的共建协议》。出台了《江西省关于进一步发挥交通扶贫脱贫攻坚基础支撑作用的实施方案》《关于开展交通扶贫推进贫困地区 25 户以上自然村和搬迁移民扶贫集中安置点通水泥路建设的通知》，共同推动在贫困地区加快建成外通内联、通村畅乡、班车到村和安全便捷的交通运输网络。出台了《江西省自然村（25 户以上）通水泥路建设规划

(2013—2020年)》《全省交通运输打赢脱贫攻坚三年行动实施方案(2018—2020年)》《支持全省269个深度贫困村公路建设实施方案》《江西省组组通水泥路建设实施方案》等一系列文件,从政策、资金和体制机制上给予大力支持,确保如期高质量打赢打好交通运输脱贫攻坚战。

另一方面持续加大资金投入。党的十八大以来,大幅提高贫困地区交通基础设施建设省级补助资金标准。2016—2019年,全省贫困地区交通建设省级直接投入资金324亿元,其中,高速公路和水运工程项目分别投入375亿元、67亿元。贫困地区各地交通建设省级以上补助资金281亿元,其中普通国省道和农村公路分别投入省级以上补助资金190亿元、91亿元。省级直接投入和省级以上补助资金规模均创历年新高,为全省脱贫攻坚进入全国“第一方阵”贡献了交通力量。

第二节 “交通+”模式的问题

一 “交通+”模式发展基础不甚牢固

一是基础设施薄弱。尽管我国贫困地区交通建设取得了一定成效,但农村公路路网通达深度和覆盖范围有待提升,农村客运“开得通、留不住”问题突出,总体上交通基础设施供给无论是路网通达深度还是通畅水平都无法满足农村经济后续发展需要。贫困地区交通网络密度相对较低，在多山的西部及西南部地区交通建设难度大，养护成本高。由于大多居民分散而居，大大降低了交通的通达度。

二是运输调节能力差。贫困地区大部分交通依靠县道及乡道，开阔度低，不能满足大型客货车进出的需求。加之物流网络覆盖不足，部分贫困地区物流成本过高，影响了当地产业发展。

三是交通总体利用率不高。部分贫困山区的交通路段车流量小，停留率低，大部分贫困地区的道路仅是小型车辆及人员的进出通道，缺少经济文化活动交流。对精准扶贫的影响程度低，不利于“交通 +”扶贫后续工作的展开。

二 “交通 +” 模式管理机制有待进一步完善

一是农村公路管理、养护和运输存在短板。在管理主体责任落实方面，一些地方政府在农村公路管养、运营等方面主体责任落实还不到位，以地方公共财政投入为主的资金保障机制还未建立。在管理举措落地方面，农村公路欠养、失养、以建代养、弃养待建等现象仍然存在。

二是交通扶贫领域管理工作有待规范。部分项目管理不规范，部分地方项目申报、设计变更审批、招投标、备案等工作不规范，项目建设未严格执行基本建设程序和有关技术标准。资金使用管理不规范，部分地方资金监管不严，未严格执行扶贫资金公开和公示公告制度，以及农村公路“七公开”等制度要求。部分地方建设进展滞后，工程质量监管和安全督导有待加强。

三是缺乏长远规划，长效机制还未建成。“交通＋”模式在实际操作中缺乏长远的规划，更多是以项目形式推动，各地盲目跟风推进的现象时有发生，缺少一盘棋统筹。在详细分析了26个有贫困县省（区、市）的资料后发现，每个省份都涵盖了前面分析的五种“交通＋”模式，资源得不到有效配置，也不利于农村经济发展。

三 “交通＋”模式主体尚不明晰

目前“交通＋”模式还在发展的初期阶段，项目模式尚不成熟，模式主体在整个模式中发挥的作用如何界定尚不明晰。“交通＋”模式的首要任务是“扶贫”，为保证“交通＋”模式的顺利实施，包括政府、企业、农村合作社、贫困户等在内的模式主体需要了解其各自在“交通＋”模式中承担的角色和发挥的作用。地方政府对于如何处理好扶贫“益贫性”与“经济效率”的关系，还处在探索期。由于企业主体与贫困户的利益联结，使得企业主体代替地方政府承担了部分扶贫职能，丧失了部分经济利益，从而降低了经济效率。此外，项目建立的初衷在实际的运行过程中或存在被忽视的情况，导致贫困户脱贫的效率有所降低。

四 发展资金矛盾突出

一是各项扶贫资金聚合作用不足。缺乏明确的资金整合操作规范，交通专项扶贫资金项目与其他领域资金项目对各自项目资金的使用标准和要求不一，县乡级部门很难执行资金整合，导致“交通+”各领域的帮扶资金配合仍不足，扶贫资金对于帮扶量的引导和集聚作用未得到充分发挥。

二是贫困地区交通资金供需不平衡。贫困地区交通财政资金有限，投入能力不足且缺乏稳定性。建养资金主要依靠中央补助资金，地方政府资金配套能力弱。由于交通项目具有公益属性，交通基础设施建设养护成本高，交通建设投资回报率低、风险大，难以吸引社会投资。

CHAPTER 4 | 第四章

“交通+”模式的发展形势与要求

本章结合乡村振兴战略、新发展格局构建、交通强国战略等一系列宏观政策，并根据“交通 + 旅游”“交通 + 产业”“交通 + 电商”“交通 + 就业”“交通 + 教育”等模式的自身特点，分析了新时代“交通 +”模式的新发展要求。

第一节　宏观层面发展要求

一　实施乡村振兴战略

党的十九大报告指出，实施乡村振兴战略，要坚持农业农村优先发展，建立健全城乡融合发展体制机制和政策体系，加快推进农业农村现代化。十九届五中全会提出，要优先发展农业农村，全面推进乡村振兴，坚持把解决好“三农”问题作为全党工作重中之重，走中国特色社会主义乡村振兴道路，全面实施乡村振兴战略，强化以工补农、以城带乡，推动形成工农互促、城乡互补、协调发展、共同繁荣的新型工农城乡关系，加快农业农村现代化。党的二十大报告提出，全面推进乡村振兴。坚持农业农村优先发展，坚持城乡融合发展，畅通城乡要素流动。

目前，我国脱贫攻坚战取得全面胜利，农业农村发展将由全面建成小康社会迈入实现农业农村现代化的新阶段。未来仍需统筹谋划、多措并举，全面巩固拓展脱贫攻坚成果，切实提升稳定脱贫能力和脱贫攻坚质量，促进巩固拓展脱贫攻坚成果同乡村振兴有效衔接。

2020 年，农业农村部印发《全国乡村产业发展规划（2020—2025 年）》，提出到 2025 年，农产品加工业营业收入达到 32 万亿元，培育一批产值超百亿元、千亿元优势特色产业集群，建设一批产值超十亿元农业产业镇（乡），推动乡村休闲旅游业优化升级，年接待游客人数超过 40 亿人次，农产品网络销售额达到 1 万亿元。

2021 年，中共中央、国务院发布《关于全面推进乡村振兴加快农业农村现代化的意见》，指出要坚持把解决好“三农”问题作为全党工作重中之重，把全面推进乡村振兴作为实现中华民族伟大复兴的一项重大任务，举全党全社会之力加快农业农村现代化，让广大农民过上更加美好的生活。文件把巩固拓展脱贫攻坚成果同乡村振兴有效衔接摆在首要位置，明确从脱贫之日起设立 5 年过渡期，保持现有主要帮扶政策总体稳定。

2021 年，中共中央、国务院印发《关于实现巩固拓展脱贫攻坚成果同乡村振兴有效衔接的意见》，提出从解决建档立卡贫困人口“两不愁三保障”为重点转向实现乡村产业兴旺、生态宜居、乡风文明、治理有效、生活富裕，从集中资源支持脱贫攻坚转向巩固拓展脱贫攻坚成果和全面推进乡村振兴。2021年5月，交通运输部为进一步落实党中央、国务院部署要求，印发《关于巩固拓展交通运输脱贫攻坚成果全面推进乡村振兴的实施意见》，提出推动交通提档升级，支撑乡村产业兴旺；改善农村交通环境，服务乡村生态宜居；提升运输服务供给，助推乡村生活富裕；强化管理养护升级，提升高效治理能力；加强组织文化建设，促进乡风文明提升等重点任务，同时严格落实党中央关于五年过渡期政策要求，提出了具体的政策措施。

新形势下，“交通＋”模式需要主动对接薄弱环节，在保障脱贫地区交通“大循环”、“微循环”、乡镇和建制村对外公路畅通基础上，继续发挥交通对乡村经济产业发展的支撑和先导作用，为巩固拓展脱贫攻坚成果同乡村振兴有效衔接提供新动力、新保障。

二 构建新发展格局

习近平总书记在参加全国政协十三届三次会议的经济界委员联组会时指出，要形成更多新的增长点、增长极，着力打通生产、分配、流通、消费各个环节，逐步形成以国内大循环为主体、国内国际双循环相互促进的新发展格局，培育新形势下我国参与国际合作和竞争新优势。[1] 农村人口占全国总人口的40%以上，是加快以国内大循环为主体的大后方，而脱贫地区又是农村地区发展的重中之重。

党的十八大以来，农村地区创新创业环境不断改善，乡村产业快速发展，促进了农民就业增收和乡村繁荣发展。2019年，农产品加工业营业收入超过22万亿元，规模以上农产品加工企业8.1万家，吸纳3000多万人就业。建设了一批休闲旅游精品景点，推介了一批休闲旅游精品线路。休闲农业接待游客32亿人次，营业收入超过8500亿元。2019年，各类涉农电商超过3万家，农村网络销售额1.7万亿元，其中农产品网络销售额4000亿元。农业产业化深入推进。2019年，农业产业化龙头企业9万家（其中，国家重点龙头企业1542家），农民合作社220万家，家庭农场87万家，带动1.25亿农户进入大市场。农村创新创业规模扩大。2019年，各类返乡入乡创新创业人员累计超过850万人，创办农村产业融合项目的占到80%，利用“互联网+”创新创业的超过50%。在乡创业人员超过3100万。[2]

未来农村地区将是加快国内大循环的重要阵地，围绕促进脱贫人口稳定脱贫和脱贫地区长远发展，着力拓宽脱贫地区农

---

[1] 《习近平在看望参加政协会议的经济界委员时强调：坚持用全面辩证长远眼光分析经济形势 努力在危机中育新机于变局中开新局》，人民日报，2020-05-24。

[2] 数据来源：《全国乡村产业发展规划（2020—2025年）》。

产品销售渠道，着力激发全社会参与消费扶贫的积极性，交通运输行业应该在生产、流通、消费各环节主动对接不同行业，打通制约消费扶贫的痛点、难点和堵点，推动脱贫地区产品和服务融入全国大市场，交通运输行业要重点在流通上做文章，助力生产和消费。

三 实施交通强国战略

建设交通强国是以习近平同志为核心的党中央立足国情、着眼全局、面向未来作出的重大战略决策，是新时代做好交通工作的总抓手。党的十九大报告明确提出建设交通强国。中国共产党的十九届五中全会再次强调加快建设交通强国，并写入全会公报。2019年9月、2021年2月，中共中央、国务院先后印发《交通强国建设纲要》《国家综合立体交通网规划纲要》，共同构成了加快建设交通强国的纲领性文件。

《交通强国建设纲要》是实施交通强国战略的顶层设计和系统谋划，是交通强国迈向"两个一百年"奋斗目标的重要支撑，是新时代指引我国加快建设交通强国的纲领性文件和行动指南，具有战略性、全面性、引领性。《交通强国建设纲要》提出"1234593"的主脉络，明确了加快建设交通强国的总目标——"人民满意、保障有力、世界前列"，"两步走"的阶段发展目标，"安全、便捷、高效、绿色、经济"的发展理念，九大重点任务。其中，在"形成广覆盖的农村交通基础设施网"任务中，重点提出了“促进交通建设与农村地区资源开发、产业发展有机融合，加强特色农产品优势区与旅游资源富集区交通建设”。在“加速新业态新模式发展”中，重点提出了“深化交通运输与旅游融合发展，发展‘互联网＋’高效物流，创新智慧物流营运模式。加快快递扩容增效和数字化转型，壮大供应链服务、冷链快递、即时直递等新业态、新模式，推进智能收投终端和末端公共服务平台建设。积极发展无人机（车）物流递送、城市地下物流配送等”。在“大力发展智慧交通”中提出“推动大数据、互联网、人工智能、区块链、超级计算等新技术与交通行业深度融合。”在“打造素质优良的交通劳动者大军”中提出“弘扬劳模精神和工匠精神，造就一支素质优良的知识型、技能型、创新型劳动者大军。大力培养支撑中国制造、中国创造的交通技术技能人才队伍，构建适应交通发展需要的现代职业教育体系。”

《国家综合立体交通网规划纲要》提出推进交通与相关产业融合发展。一是推进交通与邮政快递融合发展。推动在铁路、机场、城市轨道等交通场站建设邮政快递专用处理场所、运输通道、装卸设施。在重要交通枢纽实现邮件快件集中安检、集中上机（车），发展航空、铁路、水运快递专用运载设施设备。推动不同运输方式之间邮件快件装卸标准、跟踪数据等有效衔接，实现信息共享。发展航空快递、高铁快递，推动邮件快件多式联运，实现跨领域、跨区域和跨运输方式顺畅衔接，推进全程运输透明化。推进乡村邮政快递网点、综合服务站、汽车站等设施资源整合共享。二是推进交通与现代物流融合发展。加强现代物流体系建设，优化国家物流大通道和枢纽布局，加强国家物流枢纽应急、冷链、分拣处理等功能区建设，完善与口岸衔接，畅通物流大通道与城市配送网络交通线网连接，提高干支衔接能力和转运分拨效率。加快构建农村物流基础设施骨干网络和末端网络。发展高铁快运，推动双层集装箱铁路运输发展。加快航空物流发展，加强国际航空货运能力建设。培育壮大一批具有国际竞争力的现代物流企业，鼓励企业积极参与全球供应链重构与升级，依托综合交通枢纽城市建设全球供应链服务中心，打造开放、安全、稳定的全球物流供应链体系。三是推进交通与旅游融合发展。充分发挥交通促进全域旅游发展的基础性作用，加快国家旅游风景道、旅游交通体系等规划建设，打造具有广泛影响力的自然风景线。强化交通网“快进慢游”功能，加强交通干线与重要旅游景区衔接。完善公路沿线、服务区、客运枢纽、邮轮游轮游艇码头等旅游服务设施功能，支持红色旅游、乡村旅游、度假休闲旅游、自驾游等相关交通基础设施建设，推进通用航空与旅游融合发展。健全重点旅游景区交通集散体系，鼓励发展定制化旅游运输服务，丰富邮轮旅游服务，形成交通带动旅游、旅游促进交通发展的良性互动格局。

上述系列描述为“交通＋”模式在未来的工作重点指明了方向。

第二节 “交通+”模式的阶段发展要求

交通运输发展在巩固拓展脱贫攻坚成果同乡村振兴有效衔接中仍处于优先地位，尽快改善交通落后面貌对于促进地区经济社会发展、巩固拓展脱贫攻坚成果和缩小与其他地区发展差距等具有十分重要的意义。贯彻落实好中央关于农业农村发展的总体要求，进一步夯实脱贫地区交通发展基础、推进基本公共服务均等化、保障人民群众安全出行，适应新时代乡村振兴工作的新特点、新任务，对“交通+”模式提出了新发展语境下的发展要求。

一 “交通+旅游”模式

随着大众旅游的兴起以及全域旅游的大力推进，“十四五”时期，人们对旅游品质的需求不断提高，传统的以展示自然资源为主的观光旅游已经远不能满足人们日益增长的旅游需求，文化旅游和定制化旅游日受青睐。在全域旅游引领下，优化旅游供给体系，完善产业结构、产品结构，努力实现由旅游供给不足向供需基本平衡转变，成为新的发展趋势。这要求“交通+旅游”模式需要以促进交通旅游“六个融合”为着力点，实现政策突破和体制机制创新，建立“交通+旅游”两种资源一体化开发政策措施体系，培育及壮大“交通+旅游”开发主体，促进“交通＋旅游”新业态充分发展，形成联管联控体系，着力完善旅游交通基础设施，创新交通旅游产品，丰富旅游业态与内容，满足游客定制化的新要求。

同时，伴随乡村振兴战略的实施，特色小镇、田园综合体、美丽乡村建设、乡村旅游、巩固拓展脱贫攻坚成果工程等项目整合发展，旅游将会带动城市消费和城市人口进入农村，农村地区逐渐成为新兴的旅游目的地，形成城乡融合发展旅游空间的新格局。根据《全国乡村产业发展规划（2020—2025年）》，预计到2025年，乡村地区接待游客人数超过40亿人次。这就要求“交通＋旅游”模式要以廊道管理为核心理念，完善对外旅游通道，构建旅游干线网络，提升重点景区连通度，打通旅游交通微循环，构建“三级旅游交通网络”。使旅游交通向着功能综合化、主题多元化、产品当地化的“三化”方向发展，服务好“全域旅游”“乡村旅游”。

此外，信息技术的发展也为“交通＋旅游”带来新的内涵。智慧旅游的建设正在落地实施。借助于新兴科技手段，交通运输部门可以采取对游客历史数据收集、分析、比对等措施，预测未来的旅游市场变化，破解“互联互通难、信息共享难、业务协同难”等问题。

二 “交通＋产业”模式

加快实施乡村振兴战略，更多的资源要素将向农村聚集，

“新基建”改善农村信息网络等基础设施，城乡融合发展进程加快，乡村产业发展环境优化，乡村特色产业发展的市场空间巨大。同时，受新冠疫情对经济的冲击，我国乡村产业链构建受到较大影响，资金、技术、人才向乡村流动仍有诸多障碍。

这些机遇和挑战，要求在推进“交通＋产业”模式发展的过程中，必须与当地产业振兴的范围、目标、重点、政策等深入对接。要充分发挥交通运输基础性、先导性、战略性和服务性作用，为脱贫地区产业发展提供基础支撑，为新兴产业引进、地方资源开发、产业转型提供引导。交通发展要充分考虑脱贫地区产业发展实际，做好交通规划和产业规划统筹衔接，规划建设不同层级、不同功能的交通通道、枢纽，优化多元化、个性化的运输服务供给和管理模式，推动当地产业转型升级。

三 “交通＋电商”模式

根据国家邮政局《“十四五”邮政业发展规划》，要深化快递与电商协同，健全适应农村电商、跨境电商和新兴电商发展的服务体系。巩固拓展脱贫攻坚成果，服务乡村振兴战略，打造快递服务现代农业示范项目，建设农村电商快递协同发展示范区，支持脱贫地区特别是边远农村特色产业发展壮大。引导企业通过多种方式延伸服务网络，实现乡乡有网点、村村有服务。打造300个快递服务现代农业示范项目，大力支撑农业转型、农品出村、农民增收。

目前，我国乡村物流设施仍然薄弱，物流成本相对偏高。究其原因，一是运输环节成本过高，效益过低；二是园区仓储不能与农产品物流的要求相适应。

这就要求“交通＋电商”模式需要建设县、乡、村三级农村物流服务网络，探索构建多样化、专业化货运网络，建立城乡一体的物流配送体系，畅通农产品进城和工业品下乡的物流配送体系。同时，提升物流专业化水平，加快冷链运输、电商快递班列等重点领域物流发展，加强仓储物流园区规模和信息化建设。脱贫地区可以通过推进“四好农村路”建设着力破解区域范围内“最先一公里”起运以及“最后一公里”末端配送的梗阻问题，提升生活物资调运能力。同时，完善农村快递揽收配送网点建设，利用村委会、万村千乡农家店、新农村电子商务服务站点、益农信息社、供销超市以及村邮站等公共服务平台开展农村快递服务。

四 “交通＋就业”模式

《中共中央关于制定国民经济和社会发展第十四个五年规划和二〇三五年远景目标的建议》中提出，千方百计稳定和扩大就业，扩大就业容量，健全就业公共服务体系、劳动关系协调机制、终身职业技能培训制度，更加注重缓解结构性就业矛盾，加快提升劳动者技能素质，完善重点群体就业支持体系，统筹城乡就业政策体系，扩大公益性岗位安置，帮扶残疾人、零就业家庭成员就业。在2022年《国务院办公厅转发国家发展改革委关于在重点工程项目中大力实施以工代赈促进当地群众就业增收工作方案的通知》（国办函〔2022〕58号）中明确提出，以县域为主组织动员当地群众参与。组织动员当地农村劳动力、城镇低收入人口和就业困难群体等参与务工，优先吸纳返乡农民工、脱贫人口、防止返贫监测对象。

根据《全国乡村产业发展规划（2020—2025年）》，到2025年，返乡入乡创新创业人员超过1500万人，这为“交通+就业”模式推动提供了更大的发展空间。交通运输行业投资规模大、受益面广、带动效应强，吸纳当地群众就业潜力巨大，通过交通项目以工代赈、交通公益岗位等举措，既能促进有效投资、稳就业保民生、拉动县域消费、稳住经济大盘，又能推动人民群众共享改革发展成果、提高劳动者素质。

五 “交通+教育”模式

《中共中央关于制定国民经济和社会发展第十四个五年规划和二〇三五年远景目标的建议》提出，坚持教育公益性原则，深化教育改革，促进教育公平，推动义务教育均衡发展和城乡一体化，完善专门教育保障机制。在脱贫地区，教育的均衡发展和公益性推广，离不开便捷的交通运输网络和高效稳定的运输服务水平。这也对“交通+教育”模式在资金投入、培训模式、发展载体等方面提出了要求。

CHAPTER 5 | 第五章

“交通+”模式衔接乡村振兴的工作重点

根据国家相关要求，脱贫攻坚目标任务完成后，设立5年过渡期。脱贫地区要根据形势变化，厘清工作思路，做好过渡期内领导体制、工作体系、发展规划、政策举措、考核机制等有效衔接，从解决建档立卡贫困人口“两不愁三保障”为重点转向实现乡村产业兴旺、生态宜居、乡风文明、治理有效、生活富裕，从集中资源支持脱贫攻坚转向巩固拓展脱贫攻坚成果和全面推进乡村振兴。本章围绕今后一段时间，脱贫地区如何依托“交通+”模式助力产业发展、带动农民增收等问题，提出“交通+”模式衔接乡村振兴的工作重点，为今后脱贫地区做好巩固拓展脱贫攻坚成果同乡村振兴有效衔接提供参考。

第一节　“交通+”模式主体培育

今后一段时期，“交通+”模式的首要任务是巩固拓展脱贫攻坚成果，因此，“交通+”模式要求从脱贫地区以及脱贫户的自然禀赋条件与物质基础出发，在地方政府的积极引导下，强调“交通+”模式与脱贫户再生产的顺利对接，因地制宜、因资制宜、因户制宜，保证“交通+”模式能够真正实现巩固拓展脱贫攻坚成果功能。为保证“交通+”模式的顺利实施，地方政府应处理好"益贫性"与"经济效率"的关系，由于存在企业主体与脱贫户的利益联结，使得企业主体承担了部分巩固拓展脱贫攻坚成果的职能，因此，企业也是"交通+"模式必不可少的主体之一。此外，致富能人是衔接农户致富意愿内生动力和政府巩固脱贫政策的重要环节，也发挥了重要作用。公益组织依托其独特的视角和社会能量，在"交通+"模式中也起到了积极的作用。

综上，结合各地不同情况，要加强不同"交通+"模式主体培育，从组织模式和内生动力上探寻"交通+"模式的健康发展之路。

一 "政府+特色企业+交通企业+脱贫户"

"政府+特色企业+交通企业+脱贫户"模式是指地方政府搭台，特色企业提出发展中的交通诉求，交通企业提供定制化的交通服务，并充分听取脱贫户意见，使得脱贫户参与其中，最终实现巩固拓展脱贫攻坚成果的发展模式。这种模式更倾向于政府搭台、企业唱戏的"交通+"组织模式。

地方政府要充分发挥明晰发展方向和政策导向的作用，以经济发展为中心、以"交通+"模式为杠杆、以脱贫户增收为目标，科学合理地制定系列发展规划政策，保障"交通+"顺利推进。特色企业主要在突出特色上做文章，要依托特有的自然人文资源，选择具有稳定性、长期性、持续性的产业，打造出当地特色产品，注重特色农产品等的深加工，将企业资源、精准运作与巩固拓展脱贫攻坚成果融为一体，保证产业优化升级以及脱贫户的持续增收。交通企业要紧跟政府意图和特色企业发展需要，在通达通畅的基础上，提供更多定制化服务，提高客运出行水平，提升物流运行效率，降低物流运行成本，真正做到一头连接政府和特色企业，一头连接脱贫户。脱贫户要充分借力特色企业和交通企业的联合优势，降低接入社会再生产的技术与市场门槛，提升脱贫户的市场议价与市场研判能力，并通过利益分享机制实现脱贫户的稳定增收。

二 "合作社 + 致富能人 + 交通企业 + 脱贫户"

"合作社 + 致富能人 + 交通企业 + 脱贫户"模式是指以脱贫户自发组织的农村合作社或者互助资金合作社等组织作为主要载体，通过当地致富能人衔接起脱贫户与合作社及交通企业之间的动力诉求，实现资源与脱贫户对接的"交通 +"模式。在这一模式中，合作社这种松散的生产组织在将脱贫户再生产纳入统一的范畴，并通过致富能人衔接好脱贫户自身致富的诉求，依托便捷的交通优势，提升脱贫户的市场竞争力，从而实现脱贫户的利益增长。这种模式更倾向于市场化的"交通 +"组织模式。

在"合作社 + 致富能人 + 交通企业 + 脱贫户"模式中，合作社作为一种高度信息共享的村民联合体，存在一种普遍性的道德约束与组织共识。这种约束与共识，特别是脱贫人群间的组织协同性，能够保证资源为最迫切的人口所接收。这种组织充分考虑到了我国农村社会关系网络的亲缘化与泛亲缘化特征，从而形成一种具有软约束特征的行为规范模式，有助于资本精准作用于脱贫户社会再生产，进而降低脱贫户因为"懒惰"等原因导致的资源滥用与返贫。

由于合作社属于一种自发的、松散联合的产业化组织，因此需要当地致富能人在其中发挥重要作用，充分利用致富能人对当地脱贫户的了解，进一步激发当地脱贫户的致富意愿和内生动力，并对接交通企业，提出交通需求。交通企业要充分了解合作社发展特点和需求，构建基于合作社发展框架的三级物流体系，保障好合作社成员日常交通出行，提供更多定制化服务，充分发挥好先行官作用。由于合作社的自发形式，会给"交通+"发展带来一定的困难，因此要充分根植市场，用市场化的手段，降低物流成本，以促进规范化、集约化生产，从而提升市场竞争力。

三 "公益机构+交通机构（企业）+脱贫户"

"公益机构+交通机构（企业）+脱贫户"模式是指充分发挥公益机构的主体作用，依托交通机构（企业）为脱贫户提供部分公益岗位，并形成补贴机制，使脱贫户巩固脱离贫困线。这种模式更倾向于公益化的"交通+"组织模式，针对兜底性保障政策不能完全覆盖、尚有部分劳动力的脱贫户。

“公益机构＋交通机构（企业）＋脱贫户”模式中，公益机构要充分发挥其公益属性，积极联合交通机构（企业）开发交通公益岗，合理测算公益岗补贴规模，科学制定监督机制。交通企业结合自身岗位，为尚具有部分劳动能力的脱贫户提供合理岗位。

第二节　“交通＋旅游”工作重点

一　加强机制制度设计

打通政策壁垒，探索建立推进“交通＋旅游”乡村振兴发展领导小组，实现交通与旅游统一规划、统筹实施、明确分工、落实责任、监督到位，探索成立社会化管理机构。建立综合调节机制，采取“政府主导、企业主体、市场运作”模式，提升发展效益。研究出台省、市、县三级财政支持政策，采取安排一定财政预算资金，设立交旅融合项目建设专项资金池，整合发改、乡村振兴、林业、住建等专项资金等方式，支持“交通＋旅游”发展项目建设；统筹旅游服务设施的属地管理和行业管理，提升建管养运水平。最终形成多部门共同推动“交通＋旅游”助力巩固拓展脱贫攻坚成果同乡村振兴有效衔接发展机制。

二 加强旅游交通基础设施建设水平

(一) 积极开展旅游交通服务设施建设

鼓励农村公路在适宜位置增设服务设施，拓展路域旅游服务功能。鼓励在路侧空间富余路段设置驿站、简易自驾车房车营地、观景台、厕所等设施。加大景区和乡村旅游点停车场建设力度，鼓励在干线到旅游景区之间增设停车场。

(二) 推进乡村旅游“交通安全”工程

政府主导、部门联动，切实抓好质量安全保障工作，提升乡村旅游公路建设质量和服务品质。严格执行乡村旅游公路建设质量、安全监督管理相关法规规定，实行建设、勘察、设计、施工、监理、检测六方质量责任终身制。建立健全信用评价制度，构建以质量为核心的信用评价机制。加快完善乡村旅游公路防护设施，加强急弯陡坡、临水临崖等高风险路段整治，严格执行安全设施“三同时”制度。加强桥梁管理和重点桥梁定期检测，落实桥梁养管“十项制度”，加大危桥改造力度，实现危桥总数逐年下降。

(三) 加强城乡交通基础设施衔接

主动开展城乡交通一体化规划，吸引城市人口到周边具有旅游资源的乡村旅游。逐步实现城乡交通全衔接、全沟通，体现城乡交通科学、公平、协调发展，形成与旅游经济、人口分布相适应的道路交通体系。完善城市道路、干线公路、农村公路之间的路网衔接，大力实施农村公路衔接工程，强化县城、乡镇、中心村之间的联系。加快农村人口密集区域的停车场、充电桩等基础设施建设，为乡村旅游发展提供定制化服务。

（四）重视美丽农村路建设

强化路域环境治理，结合农村人居环境整治，坚持路域环境治理与村容村貌改善同步实施，持续推进“路田分家”“路宅分家”，打造“畅、安、舒、美”出行环境。完善技术指导体系，因地制宜推动地方标准规范建设，加快构建绿色、美丽公路指标体系，创造良好的乡村旅游环境。

三 提升乡村旅游出行服务水平

（一）提供定制化乡村旅游出行服务

进一步突显“交通 +”优势，积极拓展“运游一体”服务。积极支持传统村落、休闲农业聚集村、休闲农园、特色景观旅游名村、“农家乐”等乡村特色旅游区域开通乡村旅游客运线路，支持运力闲置的客运班车向旅游包车转型，增强城乡客运线路服务乡村旅游的能力。通过信息化平台建设，对接出行需求，优化出行供给，定制出行服务，满足广大农村群众个性化、高品质的出行新需求。

（二）创造精品旅游新产品

创新交通旅游产品，依托旅游资源、旅游景区建设旅游公路，打造一批交旅融合精品旅游路线。依托旅游公路建设一批服务区或房车营地，推动交通与旅游业融合发展。打造面向自驾车旅客、自由行旅客的交通旅游新产品，满足广大游客多元化的旅游服务需求，带动脱贫地区经济发展。

（三）加强农村客运信息化服务水平

拓展农村客运运营服务模式，鼓励农村客运服务大数据应用，鼓励各地推广农村客运出行信息化服务，运用网站、微博、微信等媒介，为社会公众提供多样化交通出行等综合信息服务，提升农村客运动态监控能力，提高农村客运服务水平，吸引更多旅游散客出行。

建议出台的“交通＋旅游”相关政策见表5-1。

建议出台的“交通＋旅游”相关政策 表5-1

序号	名称	概要
1	《农村地区旅游公路设计技术指南》	重点对“交通＋旅游”模式推进过程中，道路交通流量相对较小的旅游公路的设计进行规范
2	《县、乡、村农村公路服务驿站建设规范》	重点对“交通＋旅游”模式推进过程中，具有旅游功能的运输服务站场的建设进行规范
3	《乡村旅游客运班线服务规范》	重点对“交通＋旅游”模式推进过程中，旅游客运班线服务水平和服务质量进行规范

续上表

序号	名　称	概　要
4	《乡村旅游交通设施及服务安全指南》	重点对“交通＋旅游”模式推进过程中，乡村旅游交通设施及服务安全水平进行规范

第三节　“交通＋产业”工作重点

一　依托交通基础设施优化脱贫地区产业布局

（一）统筹规划和布局

按照乡村振兴战略的总体部署，做好脱贫地区“交通＋产业”发展的顶层设计。充分分析脱贫地区的资源禀赋条件、经济发展基础、产业发展阶段、区位条件和人口分布，以及上述因素的未来发展趋势，统筹考虑经济社会发展规划、国土规划、城镇规划等，以及相关的上位交通、产业规划等，研究制定脱贫地区的“交通＋产业”发展规划。交通要从通道建设、场站枢纽建设、装备升级、运输服务升级、管理优化等方面，着眼于不同产业发展需求，有针对性地打造“交通＋产业”升级版。例如，资源开发对公路的等级设计提出不同要求，种植养殖业发展对冷链物流提出更高要求等。

（二）大力扶持产业导向型交通建设

以“加快交通运输发展、深入推进产业振兴”为导向，加大对脱贫地区交通投入，提升交通运输服务能力。在脱贫地区产业分布集中的区域加强交通基础设施互联互通，保障农村公路延伸畅通，着力改善农村地区交通条件，核心目的是增加脱贫群众收入和增强自我发展能力，助推脱贫攻坚最终达到稳定脱贫。在交通建设基础上要充分发挥交通运输基础设施投资对稳增长、增后劲的重要作用。要强化协调发展理念，发挥交通基础设施引导生产力布局、促进城乡要素流动的支撑作用，促进农村经济发展。

改善特色农业基地、产业园区的交通条件。建设特色产品物流仓储体系，对农产品需求较大地区应鼓励社会资本建设冷链物流。制定脱贫地区特色产品运输"绿色通道"政策，降低脱贫地区特色产品运输成本，可试行脱贫地区特色产品运输绿色通道政策。经有关部门核定，脱贫地区特色产品运输车辆在一定范围内免收高速公路通行费。

（三）加快交通建设，引领产业结构调整

随着经济发展转入中高速增长，产业结构调整步伐加快，运输需求规模和结构都将发生重大变化，个性化、多样化需求日益增多。为主动适应农业现代化发展需要，重视交通基础设施条件对现代化农业机具的适应性，适当修正农村道路的新改建标准。

二 持续构建外联内畅的产业通道网络

（一）继续完善“外通内联”的产业通道

畅通农村地区对外产业运输通道，强化农村地区内部通道连接，促进农村地区内外互联互通，加快对外高速公路建设，有序推进新增高速公路建设，实现农村地区高速公路主线贯通；以通县普通国道建设为重点，加快普通国道未贯通路段建设，着力提高国省道中二级及以上公路比例，对无铺装路面、等外路、三级及以下的路段实施提级改造，提高干线公路的服务能力和保障水平，强化制约农村地区经济发展的瓶颈路段建设，加强各片区内部及其与周边区域联系的干线公路建设；推动国家铁路网连接农村地区的重大项目建设，完善农村地区机场建设布局，强化铁路、机场的公路集疏运体系建设。加强具备条件地区的对外水运通道建设，进一步完善区域内重要航道及库（湖）区水运基础设施，推进内河港口规模化、专业化发展，适应区域物资水上运输需要，服务区域产业发展。

（二）继续推进“通村畅乡”的产业路建设

大力推进革命老区、民族地区、边疆地区、脱贫地区、垦区林区交通发展，持续优化建设一批对农村地区经济社会发展有重要作用的县际出口路、产业路，实现以交通便利带动脱贫减贫，乡村振兴重点帮扶地区交通建设项目尽量向进村入户倾斜。具备条件的地区积极推进开发性铁路、通用机场以及农村邮政等基础设施建设。重视未来农村公路或将面临的“油返砂”和“畅返不畅”问题，加大整治力度。

（三）推动产业路等级提升工程

科学规划、扎实推进产业路建设，构筑畅通优质路网系统，重点解决产业路等级低、路网不完善等问题，引领乡村产业发展。统筹考虑城镇和乡村发展，强化国土空间规划、乡村振兴规划指导约束作用，因地制宜构建层次清晰、功能完备的公路网络。加快路网提档升级，有序推进低等级产业路升级改造。

（四）重视新技术在产业路的应用

加大路面新材料、新技术、新工艺在产业路建设中的应用。加强新一代信息技术融合应用，推动产业路智能化升级。积极应用卫星遥感等技术，完善统计监测体系。

三 针对四类村庄分类推进

针对集聚提升类村庄、城郊融合类村庄、特色保护类村庄、搬迁撤并类村庄，提出不同类型、更具针对性的农村交通发展方案。对于集聚提升类村庄，要发挥交通对主导产业的支撑作用，着力推进重要资源路、产业路新改建工程。加快实施通村组硬化路建设，建立规范化可持续管护机制。全面推进农村公路提级改造，推进窄路面路段拓宽改造或错车道改造；推动美丽农村公路建设，坚持路域环境治理与村容村貌改善同步实施，持续推进“路田分家”“路宅分家”，打造“畅、安、舒、美”出行环境。对于城郊融合类村庄，要主动开展城乡交通一体化规划，形成与产业布局和经济、人口分布相适应的道路交通体系；完善城市道路、干线公路、农村公路之间的路网衔接，大力实施农村公路衔接工程，强化县城、乡镇、中心村之间的联系；加快农村人口密集区域的停车场、充电桩等基础设施建设，与城市发展重点逐步衔接。对于特色保护类村庄，要处理好交通合理引导保护与开发的关系，结合历史文化名村、传统村落、少数民族特色村寨、特色景观旅游名村等特色资源，根据需要在农村公路沿线增设简易驿站、港湾式停车带和观景台，具备条件的道班可探索配套建设旅游停车场、驿站、简易自驾车房车营地等设施，加大景区和乡村旅游点停车场建设力度，鼓励在干线到旅游景区之间增设停车场。对于搬迁撤并类村庄，要注重发挥好基础设施的综合效能，减少不必要的投资浪费。

建议出台的“交通＋产业”相关政策见表5-2。

建议出台的“交通＋产业”相关政策 表5-2

序号	名　称	概　要
1	《农村公路对接高速公路服务区实施意见》	依据产业发展需要，重点围绕农村公路与高速公路互通，在高速公路服务区内设置农副产品展示售卖区等，并开展相关指导

续上表

序号	名　称	概　要
2	《农村公路服务产业发展指导意见》	依据产业发展需要，积极推进农村公路对接产业布局，提升通达能力和水平，服务产业发展
3	《产业路建设指南》	进一步明确产业路定义，针对产业路功能、定位、等级等进行分类指导
4	《产业路资源路对接乡村振兴分类实施意见》	针对四种类型村庄，提出不同的、更具针对性的产业路资源路实施方案

第四节　"交通+电商"工作重点

一　完善基于电商平台的县、乡、村三级农村物流服务网络

（一）优化县、乡、村三级运输服务站场建设

依托现有基础设施和电子商务平台，整合区域内快递物流企业，县级运输服务站重点建设：公路客货运站场升级改造，如增设相关设施、拓展物流公共服务功能的公路客运站；交通运输企业与邮政、快递、供销等分拨中心开展业务合作，统筹组织县域内运输服务的运输站点。乡镇运输服务站重点建设：具备集客运和物流服务功能的乡镇运输服务站；对既有乡镇客运站、交管站、公路养护站等站场设施进行改造升级的乡镇运输服务站；交通运

输企业充分利用邮政、供销社、电商服务网点等设施资源，通过业务合作的方式统筹组织辖区内的乡镇运输服务站。村级服务点重点建设：充分利用村相关公共设施资源，为乡村物资集散提供服务的场所；建制村汽车停靠点（招呼站或候车亭牌）等。

（二）提升节点设施综合服务能力

积极适应农村电子商务发展和农民消费升级的需求，加快完善县级农村物流节点停车装卸、仓储配送、流通加工、电商快递、邮政寄递等综合服务功能，健全乡镇和村级物流节点快递收寄、电商交易、信息查询、便民缴费等功能。大力发展电商，积极推动农村物流快递业发展，切实发挥农村公路的整体运营能力和综合服务水平。

二 创新运输组织模式

（一）打造产运销一体化农村物流服务体系

加强多部门合作，鼓励交通运输、邮政、快递企业与农业生产企业、商超、电商、农产品经销商等跨行业联营合作或组建产业联盟，以电子商务平台及商贸流通企业为载体，以物流运输为纽带，建立“种植基地 + 生产加工 + 商贸流通 + 物流运输 + 邮政金融服务”一体化的供应链体系，积极推广“寄递 + 电商 + 农特产品 + 金融”模式，实现产、运、销一体化的农村物流服务，畅通农产品产销衔接机制，不断拓展农村物流的服务范围、服务领域、服务内容，为农村地区一二三产业融合发展提供产销运一体的供应链综合物流服务，支撑农村地区经济发展。

（二）创新运营组织模式

积极推广城乡配送等先进的组织模式，提升运输效率和管理水平。鼓励“互联网+”农村物流新业态发展，支持企业在农村物流领域发展无车承运物流模式，整合社会闲散运力和分散货源，实现人、车、货、站、线等物流要素的精准匹配。充分挖掘城乡客运班线货舱运力资源，发展小件快运、电商快递等服务市场，实现客货同网、资源共享。

（三）大力推动新业态新技术新设备应用

推广应用条形码、射频识别技术、车载卫星定位装置等先进技术，加强物流运输动态监控和数字化管理，实现农村物流信息化运作，提高运营管理效率。支持邮政快递、运输企业推广标准化托盘、集装篮和笼车循环共用，降低农产品运输损耗。

三 拓宽脱贫地区农产品销售渠道

积极开展“服务区+”行动。在保障基本服务功能的基础上，推进“服务区+地方特色”“服务区+农产品”等建设，在有条件的服务区因地制宜开设脱贫地区地方特色农产品专柜或展销中心，集中销售特色产品，拓宽销售渠道，积极吸纳周边农村人员就业，服务地方经济发展。

四 加强物流信息平台与电商平台对接

支持农村物流企业建设互联网物流信息平台，并实现与农村电子商务平台的对接，推动内部数据之间、内部与外部数据的共享，优化电商企业和运输服务站的货物监管、存货管理、车辆管理。发展网络货运、车货匹配等新型运营服务模式，实现人、车、货、站、线等要素的精准匹配，提高农村物流组织效率，实现电商产业链上各方效益的最大化。

建议出台的“交通＋电商”相关政策见表5-3。

建议出台的“交通＋电商”相关政策 表5-3

序号	名　称	概　要
1	《整合县乡运输服务站存量资源指导意见》	充分盘活县乡闲置运输服务站，结合电商发展需要，提出相关发展指导意见
2	《农村物流信息平台与电商平台衔接技术指南》	针对信息化平台建设过程中，人、车、货、站、线等要素的精准匹配等，提出技术规范

第五节　“交通＋就业”工作重点

一 定制设立不同的交通岗位

一是重点针对50岁以上的劳动力，结合农村公路养护等的实际需要，创新探索开发农村公路养护员等公益性岗位，宜工宜农，离土不离乡。

二是重点针对离土又能离乡的50岁以下劳动力，结合交通项目建设用工需求，定向招录吸纳脱贫劳动力，通过工程承接分包，创建就业岗位。

三是依托农村公路建设管理和养护，将定点帮扶专项资金与农村公路公益性岗位紧密结合起来，补助脱贫人员交通就业岗位，实现积极的财政政策与积极的就业政策。

二 加快交通公益岗位制度建设

一是要建立动态管理机制。构建能进能退的交通公益性岗位用人机制，发挥交通公益性岗位的最大效用。首先，要建立交通公益性岗位录用人员信息库，包括申报者的家庭条件等个人信息的真实性，从业后在岗工作情况，实现择优选用、量才录用。其次，要建立安置人员工作情况反馈机制。及时进行动态跟踪管理，把握在岗安置人员的工作生活情况，对于脱贫后的从业人员，用人单位可在合同期满后与其解除劳动关系，把公益岗位让给更多更需要帮助的困难人员，从而让公益岗位帮助更多的困难家庭人员。

二是要完善交通公益性岗位从业人员的奖惩制度。要确立考评标准，定期对安置人员实施考核与绩效考评，对于工作认真努力者给予表彰与奖励，对于违反交通公益性岗位相关规定或怠工者，以及服务态度不端正者给予批评教育，进行处罚甚至给予辞退处理。

三是要规范交通公益性岗位安置与录用的相关规定。根据本地区经济社会发展和就业形势变化，动态调整就业困难人员认定标准，及时将受疫情影响失业人员、残疾人员、脱贫人员等各类就业困难人员纳入援助对象范围。要出台规范交通公益性岗位开发管理的指导意见，更好地维护公益性岗位从业人员合法权益，对交通公益性岗位录用人员要按照公开、公平、公正的原则，优先安置年龄大、技能弱且家庭生活相对困难人员。

四是合理开发临时性交通公益性岗位。新开发短期、临时性交通公益性岗位，提升资金使用效率，合理安置人员。临时性交通公益性岗位在岗时间不超过6个月，探索实施项目制管理，适当采取非全日制等方式。根据实际工作时间等因素合理确定岗位补贴，全日制岗位补贴不超过当地月最低工资标准，非全日制岗位补贴不超过当地小时最低工资标准，社会保险补贴根据参加社会保险情况按规定发放。

三 开展交通就业服务

积极助力农民工春运、农民工返乡创业等。组织发送“点对点”直达包车、铁路专列等，安全快捷地把农民工兄弟从家门口送到厂门口、从厂门口接到家门口。

建议出台的“交通+就业”相关政策见表5-4。

建议出台的“交通+就业”相关政策 表5-4

序号	名　称	概　要
1	《交通公益岗位管理办法》	针对交通公益岗位的职责、管理机制、补助标准等方面内容，制定出台管理办法

第六节　“交通+教育”工作重点

一　加大交通技术推广政策支持

农村地区交通技术的推广与应用，离不开政策的支持和资金的扶持。交通技术资金应向乡村振兴重点帮扶地区倾斜，统筹规划，结合当地实际情况和薄弱环节切实改善乡村振兴重点帮扶地区的交通发展条件。随着当前巩固拓展脱贫攻坚成果工作在全国范围的开展，巩固拓展脱贫成果工作的开展也已经由“输血式”向“造血式”转变：一是各级交通运输部门出台一系列交通技术脱贫的政策文件，并整合各部门形成合力。二是针对乡村振兴重点帮扶地区的发展需求，制定相对紧缺的交通技术清单，有针对性地制定相关制度政策。三是加强对技术工作的组织领导，组建技术领导小组，形成科学的农村交通人力资源开发与管理制度，并完善培训计划、考核指标等，同时在组织结构上也应不断完善，切实为农村交通人力资源开发与管理提供必要的组织保障。

二 推动新技术在乡村振兴重点帮扶地区的本地化应用

一是鼓励大型交通企业参与脱贫地区和乡村振兴重点帮扶地区的交通建设与运营，引进先进交通技术和交通理念，评选表彰利用新技术开展巩固拓展脱贫成果行动的优秀企业或单位、个人。二是借助现有政府部门的资源和平台，向交通新技术应用提供政策倾斜。三是支持引导基层政府，通过资源环境整合和社会环境改善来增强新技术应用的本地化能力，实现新技术与乡村振兴重点帮扶地区发展的精准对接。

三 鼓励乡村振兴重点帮扶地区兴建交通培训中心

本地交通运输部门可根据本省的实际情况，在乡村振兴重点帮扶县较密集的地（市）兴建交通培训中心，以形成自己的基地。其建设资金可按相应的份额，由四级交通运输部门共同筹措投资。

四 积极推进公益校车等运输服务保障项目

在“两通”保障的基础上，积极推进公益校车等运输服务保障项目。科学合理制定公益校车线路，在确保交通安全的前提下，保障乡村振兴重点帮扶地区学生安全上下学。积极推进校车停靠点建设。

建议出台的“交通＋教育”相关政策见表5-5。

建议出台的"交通+教育"相关政策　　表 5-5

序号	名　称	概　要
1	《农村交通教育技术培训指南》	对农村地区交通发展过程中的培训重点、培训人员、培训流程、培训费用等进行规范
2	《公益校车推进实施意见》	重点围绕乡村振兴推进过程中，农村地区公益校车推行的安全标准、补贴机制、线路制定等方面内容进行规范

第七节　"交通+"模式发展环境打造

一　构建"交通+"模式识别体系

"交通+"模式的选择与甄别，既要贴合区域产业基础、禀赋特征和自然资源条件，保证发展前景，又要切实实现对脱贫户的再生产、再就业覆盖，实现协同发展的最终目标。这就要求地方政府在"交通+"模式选择上，建立起一个程序公正、规范透明的精准识别体系。综合考虑本区域的资源条件、环境特征、产业基础、脱贫户需求，既能够充分体现市场主体与产业主体的意识与判断，以经济效益为目标；又能够高于市场，不仅仅局限于唯效益论、唯市场论，处理好"益贫"与"效益"的目标差异与冲突，在一个区域统筹规划的视野下进行"交通+"模式的选择与布局，从而保证脱贫战略的顺利实施。

二 提高管养效能

（一）建立管养长效机制

加快推进农村公路建设和管养体制改革，建立管养长效机制，重点解决重建轻养、资金不足、机制不健全等问题。加快形成权责清晰、齐抓共管、高效运转的管理机制和以各级公共财政投入为主、多渠道筹措为辅的资金保障机制。强化责任落实，定期开展绩效考核，建立考核结果与财政资金安排相挂钩的考核机制。建立专群结合养护运行机制，分类有序推进农村公路养护工程市场化改革。创新养护运行机制，鼓励将农村公路建设和一定时期的养护进行捆绑招标施工方；鼓励将干线公路建设养护与农村公路捆绑实施；鼓励通过签订长期养护合同、招投标约定等方式引导企业参与，提高养护机械化水平；探索开展农村公路灾毁保险。

（二）建立多方参与的管养模式

通过设置多种形式公益性岗位，吸收农民群众特别是脱贫户参与农村公路建设、养护。推广将村道日常养护交由农民群众承包，鼓励农民群众参与配套设施的经营维护，帮助农民创收增收。鼓励采取以工代赈等方式组织村道管养工作。落实“七公开”制度，引导农民群众参与农村公路工程监督和项目验收，推行养护信息公开，将农民群众满意度纳入农村公路考评体系，切实提升农民群众的话语权。

（三）提升农村公路治理能力

大力推行“路长制”，进一步完善农村公路治理体系。强化路政管理和执法能力建设，加强路产路权保护，加大农村公路超限运输治理力度，按需依法依规设置乡道、村道限高、限宽设施及警示标志，探索通过民事赔偿保护路产路权，将爱路护路要求纳入乡规民约和村规民约。

CHAPTER 6 | 第六章

建议及展望

本章从保障“交通 +”模式健康发展的角度，提出了适用于巩固拓展脱贫攻坚成果同乡村振兴有效衔接的“交通 +”模式系列发展措施建议，并对未来发展进行了展望。

第一节　发展建议

一　完善管理体制机制

（一）强化基层党建

抓好农村基层党组织建设，把加强和创新治理放在更加突出的位置，补齐基层治理工作的短板，将巩固拓展脱贫攻坚成果这项任务在实地调查、任务下达落实，以及后期宣传等各项流程中透明化，充分理解关于“交通 +”的政策要求，借鉴成功案例，寻找适合本地的解决方案。完善社会力量参与乡村治理的机制，统筹好各种乡村治理资源和力量，积极发挥党员和能人大户的带动作用，形成乡村治理合力。深入群众，加强沟通交流，增加亲和力和影响力，积极承担了解民情、转达民意、解决民忧的职责。

（二）完善责任体系，健全制度机制

借鉴脱贫攻坚成功经验，实行“中央统筹、省负总责、市县抓落实”工作机制，进一步加强责任落实、组织保障、工作推进、考核评价等方面的实施细则。适时调整并优化各级乡村振兴的协调机制，指导乡村振兴重点帮扶地区逐步将工作重心转移到乡村振兴上来。完善落实项目统筹机制，科学研判脱贫攻坚项目中需要延续和升级的内容，并及时纳入巩固拓展脱贫攻坚成果项目规划中。

（三）制定科学的监管机制

建立健全交通运输巩固拓展脱贫攻坚成果同乡村振兴有效衔接的监督检查机制，加强建设项目决策、资金使用管理、工程建设进度、质量等方面的监督检查力度。强化审计监督，确保交通建设资金高效、安全运行。建立完善统计制度，加强交通建设情况的统计监测、分析评估。进一步改进工作作风，优化督导检查方式，坚决克服形式主义、官僚主义问题。

（四）落实考核评价机制

随着乡村振兴重点帮扶地区交通问题由供给不足向有效供给不足转变，交通运输巩固拓展脱贫攻坚成果同乡村振兴有效衔接工作也进入精细化阶段，需要研究交通设施的异质性、脱贫对象的异质性、时间维度的异质性等。例如，建设铁路、高速公路、省道、乡道和通村路分别对不同地区、不同类型脱贫

人口的短期和长期影响应该受到关注，要深刻认识政策的异质性，并建立对应的政策评价机制，实现交通领域的精准施策。

（五）优化营商环境

加快政府职能转变，扎实推进“放管服”改革及相关任务的承接工作。完善事中事后监管长效工作机制。以乡村振兴先行示范县为重点，探索建立守信激励和失信惩戒制度，构建以信用为基础的新型监管制度。发挥市场在农村资源配置中的作用，完善运输价格形成机制。

二 加大财税政策保障

（一）保持财税政策的稳定性

将交通运输“特惠”政策逐步调整为“普惠”政策，同时，对现行乡村振兴重点帮扶地区继续给予一定的倾斜支持。贯彻落实《交通运输领域中央与地方财政事权和支出责任划分改革方案》，车购税支持重点投向中央财政事权和共同事权项目；考虑地方收支缺口，适当支持地方财政事权项目，在标准制定、人才培养、项目管理方式上注重发挥地方主体作用。

（二）提高资金的协同度和长效性

统筹设计交通运输巩固拓展脱贫攻坚成果同乡村振兴有效衔接的政策体系，增强政策间的平衡性。在做好风险控制的前提下，结合各地实际推广财政资产收益等试点经验，在有条件的地区探索建立自下而上的资金整合申报制度，减少对财政资金使用的具体规定；弱化政策间的差异，对已经存在的政策间不平衡问题，通过实施配套政策缩小差距；新出台的政策要注重与原有政策的平衡与衔接；建立财政资金项目的系统性支持政策，保证项目实施的完整性和持续性；强化对项目的配套支持力度，建立项目运行的长期支持制度，增强对项目运营、维护等后续环节的支持。

（三）创新资金投入机制，拓展投融资渠道

鼓励和引导采用政府和社会资本合作等模式进行项目建设。发挥开发性、政策性金融导向作用，加大国家开发银行、农业发展银行等信贷资金支持力度。完善国家重点项目贷款贴息政策。依托项目整合多渠道资金，更好发挥“以奖代补”“以工代赈”“一事一议”等机制作用。

（四）继续落实交通基础设施建设税费优惠政策

落实公共基础设施项目企业所得税“三免三减半”优惠政策，对乡村振兴重点帮扶地区符合条件的交通基础设施建设落实城镇土地使用税、耕地占用税等优惠政策。鼓励各地研究实施对涉及交通运输巩固拓展脱贫攻坚成果同乡村振兴有效衔接项目建设的相关费用予以减免的优惠政策。完善鲜活农产品运输“绿色通道”相关政策，支持农村客运、农村物流、邮政快递发展。

(五) 探索新型融资模式

拓宽融资渠道，鼓励金融机构、社会力量合法合规参与农村公路建设，探索加大对农村公路基础设施建设的中长期信贷支持，建立更加稳定的农村公路资金投入机制。充分利用旅游资源的市场属性，打通旅游资源与交通资源的共建共享融资渠道，发挥市场化的融资机制，探索“道路＋景区”和“公路＋景点”的开发模式，将旅游资源与道路捆绑引入社会资本开发。逐步培育交通、旅游综合性的开发企业，鼓励交旅投企业打捆投资交通道路建设和景区建设，形成多方投入、社会融资的多元化融资模式。

三 加强人才培养

(一) 构建完备的人才梯次结构

结合乡村振兴先行示范县、乡村振兴整体推进县、乡村振兴重点帮扶县不同的发展阶段和人才需求重点，加快培养一批农村公路建设、养护、投融资等专业领域人才。以农村公路发展实践能力和职业能力为重点，打造一支素质优良的技能型交通劳动者大军。以提高政治能力和治理能力为核心，打造一支廉洁高效、德才兼备的服务型交通干部队伍。

(二) 营造良好的人才发展环境

通过“内育”与“外引”相结合，健全人才发展政策机制，补足农村的人才短板。以激发人才创新活力为目的，加快形成导向明确、规范有序的人才评价机制。健全完善人才选拔渐进机制，引导鼓励交通人才向乡村振兴重点帮扶县流动。完善人才激励机制，畅通农村交通技能人才成长通道。

（三）发挥致富带头人的引领作用

深入挖掘巩固拓展脱贫攻坚成果典型案例，开展文明户评选、致富带头人培育等形式多样的活动，营造“自强、感恩、文明、和谐”氛围，增强乡村振兴重点帮扶地区群众主动发展的信心和决心。让一些利用自身能力致富的群众发挥带头作用，通过对自己经历的讲解，强化脱贫户再生产的意识，提高自我发展能力。对于通过提高自我发展能力致富的脱贫户，给予一定奖金补贴，并以此为典型，广泛宣传，鼓励其他脱贫户积极主动参与乡村振兴。

（四）继续加强人员培训和技术交流

加强交通基层人员培训。面向革命老区、民族地区、边疆地区、脱贫地区，重点培训行业管理干部和专业技术人员。加快提升农村公路建设养护科技水平，重点推广经济型水泥混凝土路面设计施工一体化、经济型水泥混凝土路面养护、农村公路安全防护保障等技术和成果，为乡村振兴重点帮扶地区农村公路建设提供示范。加大乡村振兴重点帮扶地区挂职干部选派力度。结合援藏、援青、援疆等专项工作，针对重点帮扶地区持续选派挂职人员。开展双向挂职，在积极选派干部去乡村振兴重点帮扶挂职的同时，接收地方干部到机关挂职交流，提升乡村振兴重点帮扶地区巩固拓展脱贫攻坚成果的交通“软实力”。

四 加大“交通+”模式推广力度

（一）要加大“交通+”模式政策的宣传力度

通过新闻媒体、微信公众号、村广播、宣传单、面对面讲解等形式，在适合的地区积极宣传“交通+”模式的作用和做法，让乡村振兴重点帮扶地区领导干部充分了解“交通+”模式，以方便结合当地实际情况制定适应的发展规划。对村民详细讲解政策，让脱贫群众意识到自己在乡村振兴工作中的重要作用，强化群众主体意识，鼓励群众靠双手致富。

（二）建立推广机制

建立“交通+”模式推广地区选择的标准，确定推广模式负责人的责任，建立监管机制与跟踪调查机制，促进多元化推广体系的形成。通过政府主导推广、农村合作社推广、非政府组织推广以及企业科技推广等方式进行“交通+”模式的推广应用。

第二节 未来展望

脱贫摘帽不是终点，而是新生活、新奋斗的起点。打赢脱贫攻坚战、全面建成小康社会后，要在巩固拓展脱贫攻坚成果的基础上，做好乡村振兴这篇大文章，做好巩固拓展脱贫攻坚成果同乡村振兴有效衔接。

随着以国内大循环为主体、国内国际双循环相互促进的新发展格局的构建，随着全面建设社会主义现代化国家和第二个百年奋斗目标的推进，巩固拓展脱贫攻坚成果同乡村振兴有效衔接是十分重要和紧迫的。“交通＋”模式虽然是在扶贫的语境下提出的，但其源于实践而高于实践。通过主动融合交叉其他产业，从被动连接到主动引领的发展理念，不仅适用于脱贫攻坚，更适用于巩固拓展脱贫攻坚成果同乡村振兴有效衔接。通过定制化推进农村地区交通基础设施网络、运输服务品质、安全能力水平、管养服务效能等全要素提升的逻辑内核，将会随着乡村振兴的推进，诠释出“交通＋”模式新时期更好的内涵。未来“交通＋”模式将会更好服务乡村振兴战略，有效提高农村低收入人口生活水平，缩小城乡差距，助力实现全体人民共同富裕。

参考文献

[1] 姜轶嵩,朱喜.中国的经济增长与基础设施建设[J].管理评论,2004(09):57-62+64.

[2] 郭庆旺,贾俊雪.基础设施投资的经济增长效应[J].经济理论与经济管理,2006(03):36-41.

[3] 王宇新,刘贵.中国基础设施建设与经济增长关系的实证分析[J].金融教学与研究,2010(06):37-40+63.

[4] 张学良.中国交通基础设施与经济增长的区域比较分析[J].财经研究,2007(08):51-63.

[5] 杨帆,韩传峰.中国交通基础设施与经济增长的关系实证[J].中国人口资源与环境,2011,21(10):147-152.

[6] 张学良.中国交通基础设施促进了区域经济增长吗——兼论交通基础设施的空间溢出效应[J].中国社会科学,2012(03):60-77+206.

[7] Gibson J,Olivia S. The Effect of Infrastructure Access and Quality

on Non-Farm Enterprises in Rural Indonesia[J]. World Development,2008,38(8/17):717-726.

[8] Jahan S, Mccleery R. Making Infrastructure Work for the Poor[EB/OL].

[9] Fan S, Zhang L, Zhang X. Growth, Inequality, and Poverty in Rural China: the Role of Public Investments[J]. Research Reports,2002.

[10] 刘生龙,周绍杰. 基础设施的可获得性与中国农村居民收入增长——基于静态和动态非平衡面板的回归结果[J]. 中国农村经济,2011(01):27-36.

[11] 王娟,张克中. 公共支出结构与农村减贫——基于省级面板数据的证据[J]. 中国农村经济,2012(01):31-42.

[12] 康继军,郭蒙,傅蕴英. 要想富,先修路?——交通基础设施建设、交通运输业发展与贫困减少的实证研究[J]. 经济问题探索,2014(09):41-46.

[13] 罗楚亮. 经济增长、收入差距与农村贫困[J]. 经济研究,2012,47(02):15-27.

[14] 刘晓光,张勋,方文全. 基础设施的城乡收入分配效应:基于劳动力转移的视角[J]. 世界经济,2015,38(03):145-170.

[15] 刘坚. 中国农村减贫研究[M]. 北京:中国财政经济出版社,2009.

[16] 唐春根,李鑫. 国内外农业产业化发展模式比较分析[J]. 世界

农业,2007(2):9-11.

[17] 李周清.我国产业化扶贫任重而道远[J].老区建设,2006(5):8-9.

[18] 吴桂芝.恩施州农业产业化扶贫问题研究[D].武汉:华中农业大学,2007.

[19] 谢谦.郴州市安仁县产业扶贫发展研究[D].长沙:湖南师范大学,2013.

[20] 周伟,黄祥芳.武陵山片区经济贫困调查与扶贫研究[J].贵州社会科学,2013(3):118-124.

[21] 杨颖,田东林,路遥.云南边疆民族地区扶贫开发研究[J].当代经济,2012,000(006):100-103.

[22] 夏云山.文化创意撬动乡村旅游扶贫研究[D].西安:西北大学,2016.

[23] 党荔.基于PPT战略的长安镇旅游扶贫模式研究[D].重庆:重庆师范大学,2016.

[24] 周婷.武陵山区效应时空差异与影响因素研究[D].湘潭:湘潭大学,2015.

[25] 谢小庆.乡村地区旅游扶贫机制及其效应研究——以湖南省安化县高城村为例[D].长沙:湖南师范大学,2016.

[26] 黄小波.英山县旅游扶贫开发效应及对策研究[D].南宁:广西师范大学,2015.

[27] 周爱萍.贫困区域发展中的旅游扶贫研究——以重庆市武

隆县为例[D].武汉:华中师范大学,2013.

[28] 黄葵.重庆渝东南地区乡村旅游扶贫对策研究[J].重庆第二师范学院学报,2014,27(06):52-53.

[29] 龙江智,段浩然.旅游扶贫的优势、困境和策略[J].大连民族大学学报,2016,18(004):364-369.

[30] 吴敏春.信息扶贫——贫困地区发展电子商务对策[J].社会福利,2002(7):3.

[31] 汪向东,梁春晓.“新三农”与电子商务[M].北京:中国农业科学技术出版社,2014.

[32] 廖福崇.交通基础设施减贫效应的实证研究[D].成都:西南交通大学,2018.